UM NOVO SISTEMA DO DIREITO PENAL

Considerações sobre a
Teoria da Imputação Objetiva
de Günther Jakobs

Conselho Editorial
André Luís Callegari
Carlos Alberto Alvaro de Oliveira
Carlos Alberto Molinaro
Daniel Francisco Mitidiero
Darci Guimarães Ribeiro
Draiton Gonzaga de Souza
Elaine Harzheim Macedo
Eugênio Facchini Neto
Giovani Agostini Saavedra
Ingo Wolfgang Sarlet
Jose Luis Bolzan de Morais
José Maria Rosa Tesheiner
Leandro Paulsen
Lenio Luiz Streck
Paulo Antônio Caliendo Velloso da Silveira

P454n Pañaranda Ramos, Enrique
    Um novo sistema de direito penal: considerações sobre a teoria da imputação objetiva de Günther Jakobs / Enrique Pañaranda Ramos, Carlos Suárez González, Manuel Cancio Meliá; trad. org. André Luís Callegari, Nereu José Giacomolli. – 2. ed. rev. – Porto Alegre: Livraria do Advogado Editora, 2013.
    95 p. 21 cm.
    ISBN 978-85-7348-882-1

    1. Direito penal - filosofia. 2. Responsabilidade penal. 3. Jakobs, Günther. I. Suárez González, Carlos. II. Cancio Meliá, Manuel. III. Título.

CDU 343.2.01

Índice para catálogo sistemático:
1. Direito Penal - filosofia   343.2.01

(Bibliotecária responsável: Sabrina Leal Araujo – CRB 10/1507)

Enrique Peñaranda Ramos
Carlos Suárez González
Manuel Cancio Meliá

UM NOVO SISTEMA DO DIREITO PENAL

Considerações sobre a Teoria da Imputação Objetiva de Günther Jakobs

Tradução/Organização
ANDRÉ LUÍS CALLEGARI
NEREU JOSÉ GIACOMOLLI

2ª EDIÇÃO
revista

Porto Alegre, 2013

©
Enrique Peñaranda Ramos
Carlos Suárez González
Manuel Cancio Meliá
2013

Tradução do original
Un nuevo sistema del Derecho Penal.
Consideraciones sobre la Teoría de la Imputación de
Günther Jakobs. Buenos Aires: Editora Ad-Hoc, 1999.

Tradução e organização
André Luís Callegari
Nereu José Giacomolli

Capa, projeto gráfico e diagramação
Livraria do Advogado Editora

Revisão
Rosane Marques Borba

Direitos desta edição reservados por
Livraria do Advogado Editora Ltda.
Rua Riachuelo, 1300
90010-273 Porto Alegre RS
Fone/fax: 0800-51-7522
editora@livrariadoadvogado.com.br
www.doadvogado.com.br

Impresso no Brasil / Printed in Brazil

Prólogo

Dentro do panorama atual da teoria jurídica do delito, que se caracteriza, em grande medida, pelo esgotamento do impulso que representou o finalismo para a construção do sistema jurídico penal, e pela busca de colocações sistemáticas alternativas, a obra do professor de Bonn, Günther Jakobs, ocupa, por diversas razões, uma posição muito destacada. Aparte da inegável riqueza e originalidade de seu pensamento, Jakobs expressa, por uma parte, em sua própria pessoa, o reconhecimento dos limites da doutrina finalista da ação e da necessidade de descobrimento de outros enfoques para o Direito Penal, distantes da colocação ontologicista própria desta doutrina. Por outra parte, a concepção do Direito Penal por Jakobs reúne as duas orientações em que se baseiam principalmente os esforços desenvolvidos nos últimos tempos em favor de uma nova teoria normativa do Direito Penal: a consideração da função que o Direito Penal cumpre efetivamente na sociedade, desde uma perspectiva sociológica próxima, no caso de Jakobs, às correntes funcionalistas da teoria dos sistemas, e a reflexão do significado do Direito Penal na comunicação interpessoal, o que enlaça, por sua vez, com correntes filosófico-jurídicas que gozam de uma ampla tradição.

Apresentar, em toda esta rica complexidade, o pensamento de Günther Jakobs, além das frequentes simplificações de que foi objeto, foi propósito do estudo que hoje apresentamos. Sua origem se encontra no estudo preliminar com que acompanhamos recentemente a tradução ao idioma espanhol dos estudos dogmáticos fundamentais de Jakobs. A oportunidade de sua publicação separada talvez seja agora maior, uma vez que viu, à luz do idioma espanhol quase toda sua obra jurídico-penal, e que em particular, no Brasil, são já vários os trabalhos de sua pluma, ou relacionados com sua obra.

Em qualquer caso, temos de agradecer muito vivamente a nossos colegas brasileiros, profs. Drs. André Luís Callegari e Nereu José Giacomolli, que traduziram o presente estudo para o português e, também, a Livraria do Advogado Editora que assumiu a publicação da segunda edição, consolidando o elo entre penalistas europeus e brasileiros.

Abreviaturas

ADPCP ..... Anuario de Derecho Penal y Ciencias Penales
AK .... Kommentar zum Strafgesetzbuch. Reihe Alternativkommentare
AT .... Allgemeiner Teil
ComCP ..... Comentarios al Código Penal
CPC .... Cuadernos de Política Criminal
DP .... Doctrina Penal
Ed .... edición, a cargo de la edición
EPCr .... Estudios Penales y Criminológicos
FS .... Festschrift
GA .... Goltdammer's Archiv Für Strafrecht
GS .... Gedächtnisschrift
JA .... Juristische Arbeitsblätter
JZ .... Juristenzeittung
KJ .... Kritische Justiz
LK .... Leipziger Kommentar zum Strafgesetzbuch
NJW .... Neue Juristische Wochenschrift
n.m .... número(s) marginal(is)
PG .... Parte Geral
RGSt .... Entscheidungen des Reichsgerichts in Strafsachen (decisões do Tribunal Supremo do Reich Alemão em assuntos penais, coleção oficial).
RPCP .... Revista Peruana de Ciencias Penales
SK .... Systematischer Kommentar zum Strafgesetzbuch

AchwZSTr. Schweizerische Zeitschrift für Strafrecht/Revue Pénale Suisse/Rivista Penale Svizzera
t. ....tomo
ZStW........Zeitschrift für die gesamte Strafrechtswissenschaft

Sumário

Apresentação – *André Luís Callegari e Nereu José Giacomolli*..............11
Introdução..13
1. A função social do Direito Penal...15
   1.1. A concepção de Jakobs sobre a prevenção geral.....................15
      1.1.1. A prevenção geral como manutenção ou restabelecimento da confiança na vigência da norma......15
      1.1.2. A pena como resposta à violação da norma..................19
   1.2. Algumas críticas na direção da concepção da prevenção geral positiva..21
   1.3. Sobre os antecedentes e os fundamentos teóricos da concepção de Jakobs....................................24
   1.4. Prevenção geral positiva, positivismo jurídico e legitimação do sistema..................................27
   1.5. Sobre a compatibilidade da prevenção geral positiva com o pensamento da ressocialização..........33
   1.6. Prevenção geral positiva e alternativas à pena como meio de solução dos conflitos sociais..............34
   1.7. Prevenção geral positiva e proteção de bens jurídicos............39
   1.8. Prevenção geral positiva e autonomia moral da pessoa..........47
   1.9. Fundamentação subjetiva ou predominantemente objetiva do injusto?..53

2. A função da culpabilidade num sistema teleológico de Direito Penal...59
   2.1. Culpabilidade e prevenção em Jakobs: um esboço das teses fundamentais.......................................59
   2.2. Algumas críticas contra o conceito funcional de culpabilidade...61
   2.3. O conceito funcional da culpabilidade no marco da crise contemporânea da culpabilidade....................62
   2.4. Culpabilidade e "comunicação pessoal": uma síntese entre as finalidades preventivas e uma fundamentação não instrumental da responsabilidade penal...............67
   2.5. Ontologia e normatividade na construção da culpabilidade.....70

3. **A fundamentação normativa da tipicidade no novo sistema de Direito Penal**..73
   3.1. A conduta típica como expressão de um sentido contrário à norma..73
   3.2. Imputação objetiva de comportamentos e imputação objetiva de resultados..76
   3.3. Algumas questões abertas da teoria da imputação objetiva......83
   3.4. A imputação objetiva nos delitos de comissão por omissão: sobre a fundamentação normativa das posições de garantia....87
   3.5. Tentativa e imputação objetiva..88
   3.6. O sujeito como conceito auxiliar..93

Epílogo..95

Apresentação

Um Novo Sistema do Direito Penal: considerações sobre a teoria de Günther Jakobs, após esgotar os exemplares de sua primeira edição, é retomado com a mesma proposta, desta vez pela Livraria do Advogado Editora, a quem agradecemos a oportunidade de continuar na divulgação deste trabalho.

É preciso referir que a extraordinária aceitação alcançada pela edição anterior não poderia ter ocorrido por acaso. Redigida com profundidade e seriedade científicas por Enrique Peñaranda Ramos, Carlos Suárez González e Manuel Cancio Meliá, todos professores da Universidad Autónoma de Madrid, esta obra é resultado da indiscutível contribuição dos estudos de Günther Jakobs sobre a função social do direito penal, as funções da pena e a relação da culpabilidade com a prevenção geral positiva.

Logo de início, em *A função social do direito penal*, o leitor é contemplado com a concepção de Jakobs acerca das funções da pena na teoria da prevenção geral positiva, assim como as numerosas reações críticas que as suas contribuições suscitaram na doutrina jurídico-penal. No capítulo subsequente, *A função da culpabilidade num sistema teleológico de direito penal*, estão postas as linhas principais do estudo de Jakobs sobre culpabilidade, seu conceito funcional e as relações desta com a prevenção geral positiva e até mesmo com o conceito de igualdade. Por fim, na terceira parte, intitulada *A fundamentação normativa da tipicidade no novo sistema de direito penal*, são traçadas considerações sobre outro estudo de grande relevância de Jakobs, desta vez em relação à teoria do tipo objetivo.

A despeito destas e de outras questões abordadas nesta obra, importa destacar a proposta de oferecer um tratamento fiel à complexidade que a contribuição dogmática de Günther Jakobs demanda, diversamente das frequentes simplificações de que já foi objeto. Mais: uma aproximação aos pontos capitais de seu pensamento, fruto de estudos desenvolvidos ao longo de duas décadas e que têm contribuído de modo decisivo à construção de numerosas categorias dogmáticas fundamentais ao direito penal contemporâneo.

Assim, para Jakobs a pena – como infração da norma – não deve ser considerada só como um ocorrido não exterior (dado que então só aparece a sucessão de dois males), mas que também a pena significa algo, é dizer, que a significação do comportamento infrator não é determinante e que o determinante segue sendo a norma. Demonstra-se, assim, que o autor não se organizou corretamente e deste modo se lhe priva de sua liberdade. Esta réplica ante a infração da norma, executada a custa de seu infrator, é a pena. Assim, a finalidade da pena é manter a vigência da norma como modelo de contato social. Com seu comportamento o infrator defrauda as expectativas normativas e a pena tem como função demonstrar que a sociedade, apesar da desautorização da norma (pelo autor - infrator), pode seguir confiando na vigência das mesmas.

Que seja de proveito para você, caríssimo leitor – este é o nosso principal propósito!

Porto Alegre, inverno de 2013.

André Luís Callegari
Nereu José Giacomolli
Tradutores e Organizadores

Introdução

Há mais de vinte anos, vem desenvolvendo Günther Jakobs um sugestivo sistema do Direito Penal que, sem rechaçar por completo e influência de Welzel, seu mestre, assenta-se, cada vez mais decididamente, sobre fundamentos metódicos totalmente diferentes aos do finalismo. Como adverte o próprio Jakobs no prólogo da primeira edição de seu Tratado, apesar da coincidência de princípio em que o Direito Penal deve assegurar a vigência dos "valores positivos de ação de caráter ético-social", seus respectivos caminhos separaram-se desde esse ponto[1] por completo: no lugar da dogmática ontologicista de Welzel, Jakobs propugna uma renormativização dos conceitos jurídico-penais, com o propósito de orientá-los à função que corresponde ao Direito Penal. Como consequência disto, "não só ocorre que os conceitos de culpabilidade e de ação (e muitos outros situados em um nível de abstração menor), nos que a dogmática do Direito Penal atribuiu sempre, de forma expressa, uma essência ou – mais vagamente – uma estrutura (lógico-objetiva, pré-jurídica), se convertem em

---

[1] Ou talvez já neste mesmo ponto, pois as precisões que Jakobs efetua imediatamente à continuação, colocam em dúvida se sua interpretação desta tese central de Welzel se corresponde na verdade com o sentido que seu autor pretendeu dar-lhe: para Jakobs, a aceitação de tal tese implica simplesmente que os efeitos do Direito Penal não se concebem como processos naturais, senão sociais, nos que, frente ao delito, enquanto fato com determinado conteúdo expressivo (de oposição a norma), se reage com outro ato (a pena) de significação oposta, a fim de restabelecer a vigência da norma, desautorizada pelo autor do fato. Nos encontramos aqui, como em outros casos, ante à pretensão de Jakobs de manter, apesar de tudo, uma vinculação ou, ao menos, algum ponto de contato entre sua própria concepção e a intenção que animava a de seu mestre. Seja como for, resulta especialmente duvidoso que em dita interpretação bata a visão moralizante do Direito penal que, segundo muitos autores, se encerra na tese de Welzel Sobre estas questões voltaremos mais adiante.

conceitos de que não se pode dizer absolutamente nada sem referência a missão que deve cumprir o Direito penal, senão que inclusive o conceito de sujeito ao que se imputa, se mostra como um conceito funcional".[2] E no prólogo à segunda edição desta mesma obra, Jakobs adverte que o programa formulado na primeira seguiu-se desenvolvendo sem interrupção: "O universo dos conceitos jurídico-penais tem que ajustar-se à função social do Direito Penal e não a fenômenos naturais ou de outro modo alheios ao social".[3] A pretensão inicial de Jakobs, de que seu próprio sistema constituísse uma evolução da obra de Welzel, não pode, pois, cumprir-se. Assim, resulta muito significativo que o que se colocou inicialmente como uma nova edição do Tratado de Welzel para atender o encargo que este lhe havia feito em tal sentido, terminasse se convertendo não só em uma obra diferente e radicalmente pessoal, o Tratado de Jakobs, senão em grande medida na antítese daquele.[4] Nas páginas que seguem, ocupar-nos-emos com algum detalhe, não isento de considerações críticas, da função social que ao Direito Penal se atribui na obra de Jakobs; também efetuar-se-ão algumas observações sobre aspectos essenciais da teoria da imputação que este autor construiu sobre tais bases.

---

[2] G. JAKOBS, *Strafrecht, Allgemeiner teil. Die Grundlagen und die Zurechnungslehre. Lehrbuch*, 1ª ed., 1983, p. V (prólogo).

[3] G. JAKOBS, *Strafrecht, Allgemeiner Teil. Die Grundlagen und die Zurechnungslehre. Lehrbuch*, 2ª ed., 1991, p. V (prólogo) (= *Derecho penal. Parte general. Fundamentos y teoría de la imputación*, tradução espanhola de J. Cuello Contreras e J. L. Serrano González de Murillo, Madrid, 1995).

[4] Vid. neste sentido C. ROXIN, NJW, 1984, p. 2270, em sua muito elogiosa resenha do tratado de Jakobs. Vid., também, ainda que em um sentido menos favorável, G. KÜPPER, *Grenzen der normativivierenden Strafrechtsdogmatik*, 1990, p. 11 e ss.

1. A função social do Direito Penal

1.1. A concepção de Jakobs sobre a prevenção geral

1.1.1. A prevenção geral como manutenção ou restabelecimento da confiança na vigência da norma

Na concepção de Jakobs, o Direito Penal obtém sua legitimação material de sua necessidade para garantir a vigência das expectativas normativas essenciais (aquelas de que depende a própria configuração ou identidade da sociedade) frente àquelas condutas que expressam uma máxima de comportamento incompatível com a norma correspondente e colocam nesta, portanto, uma questão com o modelo geral de orientação no contato social.[5] Jakobs não descreveu sempre, do mesmo modo, entretanto, a forma em que, mais concretamente, o Direito Penal presta tal garantia à sociedade. Em particular, produziram-se variações muito significativas no que se refere ao papel que joga um elemento particularmente discutido, o do "exercício da fidelidade no Direito", em sua concepção de prevenção geral (positiva).

Em sua obra sobre "culpabilidade e prevenção", tal aspecto aparecia fortemente destacado, até o ponto de que Jakobs parece aqui praticamente identificá-lo com o inteiro conteúdo da prevenção geral que ele mesmo mantém.

---
[5] Vid. G. JAKOBS, AT² (como na nota 3), 1/4 e ss.; 1/4; e 2/1.

Em tal sentido, depois de assinalar que, ao se agravar a pena com o comportamento defeituoso com consequências desfavoráveis, incrementam-se as possibilidades de que dito comportamento seja aprendido pela geralidade, como uma alternativa inaceitável de conduta, afirma literalmente: "Isto é prevenção geral em sentido não intimidatório, senão como exercício na fidelidade até o Direito".[6] Certamente, em outros lugares desta mesma obra, a prevenção geral (positiva) se apresenta em outros termos: concretamente no sentido de preservação ou manutenção da confiança na correção de uma norma.[7] Mas ambas as manifestações do pensamento da prevenção geral positiva se encontram aqui sobrepostas, sem que se estabeleça, com claridade, em que relação se encontram entre si, e com o conceito de prevenção geral utilizado.

Em compensação, em seu Tratado, Jakobs expõe sua concepção da prevenção geral de uma forma mais complexa e articulada.

A função da pena estatal para garantir as expectativas sociais essenciais se resume em produzir "prevenção geral através do exercício no reconhecimento da norma". Esta prevenção geral, que se denomina positiva porque não é meramente intimidatória, manifesta-se em três aspectos diferentes: por um lado e antes de tudo, a pena serve para confirmar a confiança na vigência das normas, apesar de sua ocasional infração ("exercício de confiança da norma"). Em segundo lugar, a pena se orienta ao "exercício na finalidade para o Direito", no sentido antes mencionado. E, por último, mediante a imposição da pena se aprende a conexão existente entre a conduta que infringe a norma e a obrigação de suportar seus custos, suas consequências penais ("exercício na aceitação das consequências").[8] Este

---

[6] G. JAKOBS, *Schuld und Prävention*, 1976, p. 10 (=*Culpabilidad y prevención*) [tradução de Carlos Suárez González], em: G. JAKOBS, *Estudios de Derecho Penal* [tradução e estudo preliminar de Enrique Peñaranda Ramos, Carlos Suárez González e Manuel Cancio Meliá], Madrid, 1997, p. 73 e ss.)

[7] G. JAKOBS, *Schuld und Prävention* (como na nota 6), p. 32 e s.

[8] Vid. G. JAKOBS, AT² (como na nota 3), 1/15. Assim todavia idem, "*Über die Berhandlung von Wollensfehlern und von Wissensfehlern*" ZStW, 101 (1989), p. 516 e s.

delineamento da prevenção geral positiva no Tratado põe especialmente em destaque a primeira de ditas faces, situando, num segundo plano, as restantes, incluída a relativa ao exercício na fidelidade para o Direito. Este realce da função de manutenção ou reestabelecimento da confiança na vigência da norma frente aos outros efeitos de caráter psicológico-social ou psicológico individual que o exercício da atividade punitiva do Estado pode também produzir, não é casual, senão que se corresponde plenamente com uma característica da concepção geral do Direito Penal de Jakobs, que começou a manifestar-se precisamente em "culpabilidade e prevenção", fazendo-se já evidente no tratado, e culminando em suas últimas obras: a relevância cada vez menor que Jakobs atribui à relação interna entre o autor (potencial) do fato e a norma, questão central para o finalismo (e em especial para sua orientação mais radicalmente imperativista), e sua preocupação, paralelamente crescente, pelo significado social da vigência das normas e de seu rompimento.[9] No contexto que

---

(= *Acerca del tratamiento de defectos volitivos y cognitivos* [tradução de Carlos Suárez González], em: G. JAKOBS, *Estudios de Derecho Penal*, p. 101 e ss.

[9] Vid., neste sentido, especialmente, G. JAKOBS, "Tätervorstellung und objektive Zurechnung", em: GS ARMIN KAUFMANN, p. 273 e ss. (= *Representacion del autor e imputación objetiva* [tradução de Carlos Suárez González] em: G. JAKOBS, *Estudios de Derecho Penal*, p. 223 e ss.) onde se critica a consideração unilateral da norma no sentido imperativista por Armin Kaufmann, afirmando que com isso o injusto poderia consistir em um acontecimento íntimo que se desenvolve entre o autor e a norma infringida, ficando à margem por completo o sentido que a vítima e a sociedade, em seu conjunto, dessem ao fato, isto é, seu significado social: com isso se confundiria o injusto, que necessariamente devia ter uma dimensão de perturbação social, com o pressuposto de uma reprovação moral (no mesmo sentido K.-H.VEHLING, *Die Abgrenzung von Vorbereitung und Versuch*, 1991, p. 56 [a respeito da concepção de tentativa de E. STRUENSEE]). Justamente no afastamento de uma concepção imperativista das normas e em sua substituição por uma visão institucional das mesmas, na que não se trata tanto de direção ou regulação imediata de condutas como do estabelecimento e estabilização na sociedade de redes de expectativas recíprocas de comportamento fundamenta B. J. A. MÜSSIG *(Schutz abstrakter Rechtsgüter und abstrakter Rechsgüterschutz*, 1994, p. 89 e s. e 140 e ss.) a função da pena e do Direito Penal na estabilização de tais expectativas quando são essenciais para a manutenção da configuração concreta da sociedade. E disso deriva também MÜSSIG sua preferência por um modelo de prevenção geral positiva limitado a esse objetivo de garantia das estruturas sociais elementares frente a versões da prevenção geral de integração que apontam, através do exercício da fidelidade à norma, a um processo de disciplina dos indivíduos concretos que se desenvolve eventualmente no plano da psicologia

aqui se assinala, isto se traduz no fato de que, para Jakobs, (contrariamente, por exemplo, ao suposto por aqueles que destinam à pena uma função intimidatória), a pena não se dirige principalmente a influenciar sobre os potenciais autores de futuras infrações, senão que tem por destinatários todos os membros da sociedade, enquanto potenciais vítimas delas, para reafirmá-los na vigência da norma infringida.[10] Coerentemente com isso, na palestra apresentada no marco das jornadas dos professores alemães de Direito Penal celebradas em Rostok, em 1995, dedicadas significativamente a refletir sobre a situação atual do Direito Penal "entre o funcionalismo e o pensamento orientado a princípios da antiga tradição europeia", Jakobs volta a insistir que a prestação que o Direito Penal realiza para a manutenção do sistema social consiste em reafirmar que, apesar da infração produzida, a sociedade se mantém firme na vigência de suas normas essenciais, e se nega a conceber-se a si mesma de outra maneira. Mas a diferença de suas posições anteriores, aqui a manutenção ou fortalecimento da fidelidade para com o Direito já não se apresenta como equivalente à prevenção geral (positiva), nem como um de seus aspectos mais ou menos destacados, senão justamente no mesmo plano ao que já anteriormente ficava relegado o efeito de intimidação geral ou especial: no nível dos efeitos secundários que se pode desejar que a pena produza, mas que resultam alheios ao que constitui propriamente sua missão.[11] "Certamente – diz agora Jakobs – pode que se vinculem à pena certas esperanças de que se produzam consequências de psicologia social ou individual de várias características, como por exemplo, a esperança de que se mantenha ou fortaleça a fidelidade ao ordenamento ju-

---

profunda e que está todavia vinculado à consideração das normas como instrumentos de orientação direta de condutas (ibidem, p. 142, nota 9, e 146 e s.)

[10] Vid. G. JAKOBS, AT² (como na nota 3), 1/15 e 31. Vid. também idem, "Kriminalisierung im Vorfeld einer Rechtsgutsverletzung", ZStW, 97 (1985), p. 775 (= *Criminalización en el estadio prévio a la lesión de un bien jurídico* [tradução de Enrique Peñaranda Ramos], em: G. JAKOBS, *Estudios de Derecho Penal* [como na nota 6], p. 293 e ss.).

[11] Vid. G. JAKOBS, AT² (como na nota 3), 1/16

rídico. Mas a pena já significa algo independente destas consequências: significa uma autoconfirmação".[12]

1.1.2. *A pena como resposta à violação da norma*

Antes de nos ocuparmos das valorações, frequentemente críticas, que suscitaram a concepção de Jakobs sobre a função da pena, convém deter-se na noção de *violação da norma*,[13] que como vimos, adquire, neste contexto, uma importância essencial. Baseando-se até certo ponto,[14] nas contribuições da teoria de sistemas de Niklas Luhmann,

---

[12] G. JAKOBS, "Das Strafrecht zwichen Fuktionalismus und 'alteuropäischem' Prinzipiendenken. Oder: Verabshiendung des 'alteuropäischen' Strafrechts?" ZStW, 107 (1995), p. 844 (= *Sociedad, norma y persona en una teoría de un derecho penal funcional* [tradução de Manuel Cancio Meliá e Bernardo Feijóo Sánchez], Madrid, 1996. Vid. já nesta direção o trabalho do discípulo de JAKOBS, H. H. LESCH, "Zur Einführung in das Strafrecht: Über den Sinn und Zweck staatlichen Strafens", JA, 1994, p. 510 e ss. e 590 e ss. Certamente appreciam-se, com este trabalho, algumas diferenças a respeito da posição até hoje manifestada por seu professor. Em primeiro lugar, LESCH discorda que a denominação "prevenção geral positiva" seja adequada para designar a concepção assim resultante, e propõe, em seu lugar, o nome de "teoria funcional da retribuição" que, a seu juízo, expressaria melhor o caráter dessa teoria de oscilar "entre uma fundamentação absoluta e outra relativa da pena.": seria "absoluta, já que se castiga *quia peccatum est* e não *ne peccetur*", mas seria, ao mesmo tempo, "relativa porque [...] não termina em si mesma, senão que tem uma função, a de manutenção das condições fundamentais da coexistência social" (p. 598 e s.). Em segundo lugar, se diferencia da posição de JAKOBS em que esta função se acrescenta "desde uma perspectiva histórica" a de contribuir para a pacificação da sociedade, canalizando o conflito através de um procedimento formalizado, na linha sugerida por W. HASSEMER e outros autores (p. 599, com referências na nota 160). Mas em terceiro lugar, e acima de tudo se distingue pela crítica que projeta contra todas as teorias da prevenção geral, incluídas as denominadas teorias da prevenção geral positiva ou de integração. A estas, reprova concretamente que incorreríam no mesmo defeito que as teorias da prevenção geral negativa ou intimidatória: que não tendem a restabelecer, a ordem perturbada pelo fato, senão a estabelecer na configuração psíquica dos restantes membros da sociedade, contra-estímulos que os afastem de delinquir, tratando, portanto, o autor, "não como sujeito, e sim como objeto de um interesse definido heteronomamente como mero instrumento de um mecanismo de motivação", e incorrendo com isso o risco de graves desproporcionalidades entre culpabilidade ou dano social e o *quantum* da pena (p. 518 e s., aderindo-se a KÖLER, CALLIESS, HERZOG e BOCK em sua crítica à instrumentalização do autor por parte das concepções subjetivas [nota 80] e, o que é ainda mais significativo, a JESCHECK em sua crítica à desvinculação de tais concepções do problema da culpabilidade [nota 81]).

[13] Vid., sobre isto, desde a perspectiva da teoria do injusto infra 1.9.
[14] Vid. infra 1.3.

Jakobs sustenta que o rompimento de uma norma não tem significado para o Direito Penal por suas consequências externas, pois não pode remediar tais consequências quando já se produziram, nem é necessário tampouco que as mesmas se produzam para que um rompimento normativo tenha lugar, como viria a confirmá-lo o fato de que muitos desses rompimentos (por exemplo, os correspondentes às condutas de tentativa) se completam antes que se produza qualquer dano externo. O dado decisivo da conduta finalmente relevante não consiste, portanto, a seu juízo, em constituir um desencadeante de processos causais nocivos, senão em sua capacidade para expressar um determinado sentido: ao sujeito que atua de um modo contrário à norma, mediante uma conduta evitável, se lhe imputa a formulação de uma máxima de comportamento, incompatível com aquela, que a desautoriza como modelo geral de orientação no contato social. O rompimento da norma consiste, pois, nesta contradição, com o que ela estabelece, e na desautorização que a mesma implica.[15] A pena, enquanto resposta ao rompimento da norma, situa-se no mesmo contexto de significado que esta, e simboliza por sua vez, a contradição de dito rompimento ou, dito em termos positivos, que a norma infringida, continua sendo, apesar de seu rompimento, a regra de comportamento em que se pode seguir confiando. A pena serve precisamente para que as expectativas normativamente fundadas não fiquem anuladas por sua defraudação, no caso concreto; para sua manutenção "contrafática", isto é, para sua manutenção, apesar da evidência de sua defraudação de fato, mediante a definição como defeituosa da conduta do autor, e não da expectativa de que este se comportasse conforme a norma. A pena consiste, portanto, em uma contradição da violação da norma que se executa a custa de seu autor.[16]

De tudo isso, Jakobs deduz, expressamente, uma desvinculação da missão do Direito Penal a respeito da

---

[15] G. JAKOBS, AT² (como na nota 3), 1/9
[16] Vid. G. JAKOBS, AT² (como na nota 3), 1/6, 9 e 10.

função de proteção de bens jurídicos que comumente se vem assinalando: "Em correspondência com a localização do rompimento da norma e pena no plano do significado, não se pode considerar como missão da pena a evitação de lesões de bens jurídicos. Sua missão é bem mais a confirmação da vigência da norma".[17] Essa desvinculação se produz, pois, mediante a distinção que este autor efetua entre bem jurídico (objeto de proteção, segundo veremos logo, de algumas normas, na concepção de Jakobs) e bem jurídico penal, que seria o asseguramento das expectativas normativas essenciais frente a suas defraudações ou, o que resulta igual, a vigência efetiva das normas em que essas expectativas se fundamentam.[18]

1.2. Algumas críticas na direção da concepção da prevenção geral positiva

A teoria da prevenção geral positiva de Jakobs foi objeto de uma generalizada crítica, que, pelo que a doutrina espanhola se refere, foi decisivamente impulsionada pela publicação, na Espanha, da obra de Alessandro Baratta, na qual se vertiam opiniões muito adversas sobre a teoria da prevenção de integração a qual, sem deter-se em maiores matizações, considerava-se globalmente vinculada à teoria dos sistemas.[19] Nele se tomavam também, como ponto de referência, as exposições funcionalistas de outros autores, como Amelung, Otto ou Roxin, mas o centro de atenção era ocupado pela posição mantida por Jakobs, até o ponto que se pode dizer que se tratava de um comentário dos fundamentos de sua concepção tal qual acabavam de ser expostos na primeira edição de seu tratado.

---

[17] G. JAKOBS, AT² (como na nota 3), 1/11.
[18] Vid. G. JAKOBS, AT² (como na nota 3), 2/2 e 5.
[19] A. BARATTA, *"Integración-prevención: Una 'nueva' fundamentación de la pena dentro de la teoría sistémica"* [tradução de Emilio García-Méndez e Emiro Sandoval Huertas], CPC, 24 (1984), p. 533 e ss.

Prescindindo, no momento, daquelas considerações críticas que se referem ao ponto de vista de Jakobs sobre a proteção dos bens jurídicos, e o fomento da fidelidade ao Direito, como missão do Direito Penal, ou sobre a relação entre a culpabilidade e prevenção geral positiva, o substancial da argumentação de Baratta se orientava a tratar de demonstrar que na concepção da prevenção positiva de Jakobs, se encontrariam reunidos e inclusive acentuados, todos os defeitos que, a seu juízo, afetam a teoria de sistemas de Luhmann. Estaríamos, pois, ante uma concepção conservadora, tecnocrática, inclusive autoritária, "funcional, a respeito do atual movimento de expansão do sistema penal e de incremento, tanto em extensão, como em intensidade, da resposta penal", e promotora da "reprodução ideológica e material das relações sociais existentes" e, em particular, da forma tradicional de abordar, desde o Direito Penal, os conflitos de desviação.[20] Isso se manifestaria, acima de tudo, na "substituição do princípio de ressocialização pelo da prevenção geral positiva", que teria lugar não só na obra de Jakobs, enquanto representante, para o Direito Penal, da teoria de Luhmann, senão nos restantes autores que se pronunciam em favor da prevenção geral de orientação positiva ou integradora.[21] Mais além destes defeitos imediatamente derivados da orientação teórica de partida, a construção da prevenção geral positiva ou de integração ficaria, inclusive, segundo Baratta, abaixo das possibilidades de desenvolvimento crítico da teoria de sistemas,[22] ao não levar supostamente em conta a possibilidade, posta em destaque por dita teoria, de que uma mesma função, neste caso, a de estabilizar os sistemas sociais complexos, seja cumprida por instituições diversas que aparecem entre si como "equivalentes funcionais", desprezando assim, de antemão, possíveis alternativas radicais ao sistema penal, e oferecendo uma resposta meramente repressiva ou sintomatológica aos conflitos onde se manifestam, ao invés de onde se produzem.

---

[20] Vid. ibidem, p. 544 e s., 550,

[21] Vid. ibidem, p. 537 e 547

[22] Vid., no que segue, ibidem, p. 545 e ss.

Estas mesmas críticas, sem variações substanciais, se estenderam pela doutrina de língua espanhola até a atualidade. Assim, insiste-se no suposto caráter acrítico, conservador e tecnocrático da prevenção geral positiva,[23] com seu corolário de despreocupação com a ideia de ressocialização,[24] em seu formalismo;[25] e em sua idoneidade para potencializar a expansão do Direito Penal.[26] Só ocasionalmente as valorações críticas da exposição de Jakobs transbordam o marco estabelecido por Baratta. Mencionar-se-ão aqui, por seu particular interesse, duas delas as quais apontam na mesma direção. Por um lado, Mir Puig, apoiando a ideia de que dita exposição ficaria "sem explicar porque a estabilização de expectativas teria lugar por meio da imposição de um castigo e não por outros meios menos lesivos e funcionalmente equivalentes", formulou-se a seguinte questão: se, como pretende Jakobs, a função do Direito Penal fosse só a confirmação da confiança nas normas e supusesse unicamente uma reação destinada a enfatizar que segue em pé a vigência das expectativas normativas, porque não bastaria com uma declaração inequívoca a respeito? Por que é preciso impor um mal como pena, se esta não busca a intimidação, senão só evitar possíveis dúvidas acerca da vigência da norma infringida?[27] Por outro lado, Pérez Manzano, seguindo Karl

---

[23] Vid. S. MIR PUIG, *Función fundamentadora y función limitadora de la prevención general positiva*, agora em *El Derecho penal en el Estado social y democrático de derecho*, 1994, p. 138; A. GARCIA-PABLOS, *Manual de Criminología. Introducción*, 1995. p. 92, e M. PÉREZ MANZANO, *Culpabilidad y prevención: las teorías de la prevención general positiva en la fundamentación de la imputación subjetiva y de la pena*, 1990, p. 169 e ss.

[24] Vid. A. GARCÍA-PABLOS, *Criminología* (como na nota 23), p. 525; idem, *Derecho Penal* (como na nota 22), p. 93; M. PÉREZ MANZANO, *Culpabilidad y prevención* (como na nota 23), p. 256.

[25] Assim, D. M. LUZÓN PEÑA, *Medición de la pena y sustitutivos penales*, 1970, p. 16, nota 23; F. MUÑOZ CONDE, Derecho penal y control social, 1985, p. 26 e ss. e M. PÉREZ MANZANO, *Culpabilidad y prevención* (como na nota 23), p. 52 e s. e 169, relacionando imediatamente este juízo, concebido como reprovado, com os que geralmente se vertem sobre a teoria dos sistemas.

[26] Vid. A. GARCÍA PABLOS, *Derecho Penal* (como na nota 23), p. 93, com referências.

[27] S. MIR PUIG (como na nota 23), p. 138. Vid. nesta mesma direção a observação de B. SCHÜNEMANN em F. ZIESCHANG, *"Tagungsbericht. Diskussionsbeiträge der Strafrechtslehrertagung 1995 in Rostock"*, ZStW, 107 (1995), p. 926 e ss.

F. Shumann,[28] assinalou que a tese de Jakobs só serve para fundamentar que a frustração de uma expectativa deve seguir "uma consequência jurídica", mas não diz nada, nem sobre o tipo nem sobre a intensidade da consequência. De maneira que a tese de Jakobs não fundamenta o Direito Penal, senão qualquer forma de Direito.[29]

1.3. Sobre os antecedentes e os fundamentos teóricos da concepção de Jakobs

A mecânica correlação que geralmente se estabelece entre a construção da teoria da prevenção geral positiva por parte de Jakobs e a teoria de sistemas resulta já inexata pelo fato de que a Sociologia do Direito de Luhmann é um dos materiais do edifício erguido por aquele autor. A influência, desde logo, inexiste e nunca foi negada por Jakobs,[30] mas como ele mesmo se encarregou recentemente de assinalar, é mais limitada do que geralmente se supõe.[31] Junto a essa influência, manifesta-se, abertamente, na concepção da prevenção geral positiva de Jakobs, o influxo, de modo algum menor, de uma tradição filosófica que remonta, ao menos, até Hegel,[32] e o de uma corrente de pensamento jurídico-penal que recorre quase todo o século XIX, e de forma mais oculta, quase subterrânea, chega até nossos dias.

---

[28] Vid. K. SCHUMANN, *Positive Generalprävention: Ergebnisse und Chancen der Forscung*, 1989, p. 8.
[29] M. PÉREZ MANZANO, *Culpabilidad y prevención*... (como na nota 23) p. 257.
[30] Vid. G. JAKOBS, AT² (como na nota 3), e 1/4 e ss.
[31] Vid. G. JAKOBS, ZStW, 107 (1995) (como na nota 12), p. 843, onde explica a incorporação, a sua construção, de elementos da teoria de sistemas dos Luhmann porque nela se encontra, "atualmente", a seu juízo, "a exposição mais clara da distinção entre sistemas sociais e sistemas psíquicos, com consequências para o sistema jurídico, ainda que, geralmente, há muita distância do direito Penal. Mas – adverte Jakobs à continuação – inclusive, quem só conheça esta teoria superficialmente advertirá com rapidez que as considerações que aqui se efetuam, de nenhum modo se atém a ela consequentemente, nem sequer em todas as questões principais".
[32] Vid. a respeito somente A. K.-SCHILD, n.m. 73 antes dos §§ 20 e 21.

Ambas as influências foram também expressamente reconhecidas por Jakobs. Com relação à primeira, admitiu que a imagem que mostra a teoria absoluta da pena em Hegel não difere em muito de sua própria concepção; a diferença consistiria, propriamente, em que o ponto de referência na fundamentação hegeliana da pena é o conceito abstrato de direito, enquanto em Jakobs, esse ponto de referência vem construído pelas condições de subsistência da sociedade, de uma determinada sociedade.[33] Precisamente, a tomada de consciência da proximidade de ambas as concepções da pena, sem uma correlativa atenção a esta fundamental diferença (ou com uma minimização de sua importância), deriva a tendência a incluir a posição de Jakobs, ao menos em suas últimas manifestações, entre as dos partidários das teorias absolutas, frequentemente com o qualificativo de "neorretribucionista".[34]

Jakobs[35] reconheceu, igualmente, o parentesco, recordado por Müller-Dietz,[36] de sua concepção sobre a função da pena com a doutrina do "dano intelectual do delito", muito difundida na Alemanha, ao longo do século XIX, mas também fora desse espaço geográfico. Uma manifestação desta doutrina resulta de particular interesse para o propósito dessas considerações sobre a concepção de Jakobs, pois, mostrando uma extraordinária semelhança com ela (se dispensarmos a terminologia própria da época em que se expressa), dificilmente pode ver-se afetada

---

[33] G. JAKOBS, AT² (como na nota 3), 1/21
[34] Assim, por exemplo, na doutrina espanhola J. BUSTOS / H. HORMAZÁBAL, "Pena y Estado", em Papers, núm. 13, "Sociedad y delito", 1980, p. 117; M. GARCÍA ARÁN, "Culpabilidad, legitimación y proceso", ADPCP, 1988, p. 88 e s.; M.-PÉREZ MANZANO, *Culpabilidad y prevención*... (como na nota 23), p. 257; e F. MORALES PRATS, em: G. QUINTERO OLIVARES, Curso de Derecho Penal. Parte General, 1996, p. 88 e s. Vid. também, em um sentido diferente, J.-Mª SILVA SÁNCHEZ, *Aproximación al Derecho Penal contemporâneo*, 1992, p. 205. Na doutrina alemã, tida como retribucionista, a tese de Jakobs, Arthur KAUFMANN, "Über die gerechte Strafe", GS Hilde Kaufmann, 1986, p. 429. Sobre a opinião manifestada por I. PUPPE e B. SCHÜNEMANN em Rostock, neste mesmo sentido, vid. F. ZIESCHANG, ZStW, 107 (1995), p. 925 e s.
[35] G. JAKOBS, AT² (como na nota 3), 1/11, nota 13.
[36] H. MÜLLER-DIETZ, "Vom intellektuellen Verbrechensschaden", GA, 1983, p. 481 e ss.

pelas reprovações que se dirigem contra aquela de conter uma visão tecnocrática, conservadora ou, inclusive, autoritária do Direito Penal. Entre 1859 e 1888, Francesco Carrara, máximo expoente da escola clássica italiana, que se apoiava, decididamente, em postulados políticos liberais, derivados da ilustração,[37] desenvolveu uma interessante teoria sobre os fins da pena. Em seu conceito, "o fim da pena não é que se faça justiça, nem que o ofendido seja vingado, nem que seja ressarcido o dano por ele padecido, nem que o delinquente expie seu delito, nem que se obtenha sua correção". Todas essas coisas, adverte Carrara, na mesma linha que agora Jakobs, podem ser consequências acessórias da pena, e podem ser algumas delas desejadas, mas a pena seria também incriticável, ainda que todos esses resultados faltassem.[38] "O fim primário da pena" seria melhor "o restabelecimento da ordem externa da sociedade".[39] Certamente, "o delito ofendeu materialmente a um indivíduo, a uma família, ou a um número qualquer de pessoas", mas este mal não poderia ser reparado com a pena.[40] Em troca, "o delito ofendeu a sociedade violando suas leis: ofendeu a todos os cidadãos, diminuindo neles a opinião de sua própria segurança, e criando o perigo do mau exemplo".[41] Pois bem, assim como Jakobs considera que o rompimento das normas garantidas pelo Direito Penal geram, na medida em que essas normas sejam legítimas (sobre isso voltaremos em seguida), "um conflito público", que é precisamente o que legitima, por sua vez, sua intervenção, e não a simples lesão de expectativa ou interesses individuais,[42] para Carrara, tampouco é aquele dano material,

---

[37] Vid., neste sentido, G. RODRÍGUEZ MOURULLO, *Derecho Penal, Parte General*, 1977, p. 21 e s.: "A escola clássica defendeu uma política criminal de acordo com a ideologia do Estado liberal de Direito".

[38] F. CARRARA, *Programma del Corso di diritto criminale, Parte Generale* I, 11ª ed., 1924, § 615 (sem grifos no original)

[39] Ibidem, § 615 (sem grifos no original)

[40] Ibidem, § 616 (sem grifos no original).

[41] Ibidem, § 617.

[42] G. JAKOBS, AT^2 (como na nota 3), 1/8.

senão um dano de outra natureza, um dano mediato, ou reflexo sobre a ordem externa da sociedade, produzida pelo Direito,[43] o que explica o "caráter político" de todos os delitos – consistente em "que, por uma ofensa imediatamente causada à segurança de um só, todos os demais sofram pela diminuição da confiança na própria segurança"–,[44] e legitima a intervenção do Direito Penal. "A pena, portanto, deve reparar este dano com o reestabelecimento da ordem violada pela desordem do delito", e isso traria como consequência "as três resultantes de correção do culpável, reforço dos bons (reforço na sua confiança de quem confia na vigência das normas, na terminologia de Jakobs) e advertência aos mal-intencionados; uns efeitos que não haveria que "confundir" nem com o conceito de correção, nem com o conceito de intimidação, pois uma coisa é induzir a um culpável a não voltar a delinquir, e outra é pretender fazê-lo interiormente bom. E uma coisa é lembrar aos 'maus intencionados' que a lei executa suas ameaças, e outra é difundir o temor nos ânimos".[45] Porque – e nisto a concordância com Jakobs volta a ser praticamente completa – "a pena está destinada a atuar mais sobre os outros que sobre o culpado [...] para tranquilizá-los tanto a respeito do próprio delinquente, como a respeito de seus temidos imitadores".[46]

1.4. Prevenção geral positiva, positivismo jurídico e legitimação do sistema

a) Uma acepção da função da pena, que se movimenta nesses níveis de abstração, é necessariamente formal, e

---

[43] F. CARRARA, *Programma*... (como na nota 38), § 118 (sem cursivas no original)

[44] Ibidem, § 119. Neste mesmo lugar, Carrara coloca a possibilidade (ainda que para finalmente descarta-la) de reestabelecer a expressão "dano mediato", pela de violação "da expectativa que têm todos os cidadãos de que nenhum utilize sua liberdade para causar dano a outro" (como havia proposto Martinelli).

[45] Ibidem, § 619.

[46] Ibidem, § 621.

Jakobs não deixou nunca de reconhecê-lo. Já no início da exposição de sua concepção sobre o fim da pena, no tratado, adverte que sua atenção se dirige, em primeiro lugar, a estabelecer quais são os traços comuns que permitem falar unitariamente da pena, de seu conceito, nos mais diversos ordenamentos, apesar das enormes diferenças que podem existir em sua configuração concreta de uns a outros, em função do tipo de sociedade de que, em cada caso, se trate (por exemplo, Estados envolvidos em agudas crises existenciais ou firmemente estabilizados, sociedades elementarmente limitadas a um escasso número de contatos, ou sociedades complexas, caracterizadas por contatos massivos e altamente diferenciados), e da forma em que nela se entenda o Direito (por exemplo, como instrumento de domínio de uma classe, ou como uma ordem racional fundada no contrato social).[47] E, em segundo lugar, seu propósito declarado consistente, em desenvolver essa análise conceitual para o Direito vigente, isto é, para o Código Penal da República Federal da Alemanha.[48] Relacionado com isso, Müssig, um discípulo de Jakobs, pode dizer que a "teoria de prevenção geral positiva", que ambos partilham, "é um modelo formal ou positivista na medida em que é evidente, isto é, não transforma num tema a ser tratado, a configuração concreta de sociedade.[49]

Isto quer dizer, como frequentemente se atribui a Jakobs, que, com isso venha legitimar tudo aquilo que resulte funcional à manutenção de um dado sistema social, com total independência das características que ele mesmo apresenta?[50] Ou, que a teoria da prevenção geral positiva pode, deste modo, contribuir à justificação, tanto de ordenamentos jurídicos que respeitam às garantias próprias do

---

[47] Vid. Jakobs, AT² (como na nota 3), 1/1 e 2.
[48] Vid. G. Jakobs, AT² (como na nota 3), 1/3.
[49] Vid. B. A. MÜSSIG, *Rechtsgüterschutz* (como na nota 9), p. 238.
[50] Assim, por exemplo, B. SCHÜNEMANN, "La función del princípio de culpabilidad en el Derecho penal preventivo", em: idem (ed.) *El sistema moderno del Derecho penal: cuestiones fundamentales* [tradução, introdução e notas de J.-M. Silva Sánchez], 1991: "Na prática [...] um princípio normativo derivado da teoria dos sistemas acaba caindo em uma apologia do sistema de que se trate em cada caso." (em referência à posição de Jakobs em matéria de culpabilidade)

estado de Direito, como de regimes injustos, autoritários ou ditatoriais,[51] ou inclusive – a crítica em ocasiões chega até tal ponto[52] – mais destes últimos que dos primeiros? Jakobs saiu, reiteradamente, ciente, e impugnou tais suposições. Em relação com algumas críticas orientadas ao caráter formal de sua exposição[53] e à necessidade, portanto, de preenchê-la logo com decisões,[54] advertiu que, certamente, se necessita este complemento para sua aplicação a uma sociedade concreta, mas que nessa mesma necessidade se encontra qualquer concepção que se mova em igual nível de abstração: assim, se se afirma, por exemplo, que o Direito Penal protege os bens jurídicos, se incorre em idêntico "formalismo", até que não se determine o que é um bem jurídico nessa concreta sociedade.[55] Neste mesmo contexto, e no da réplica à crítica de ambivalência, ou relativismo de seu modelo de análise funcional, assinalou, ademais, que de acordo com ele, em efeito, não se pode negar que a ordem mais injusta, na medida em que efetivamente funcione, poderia encaixar nas descrições por ele mesmo realizadas,[56] e que o ponto de vista escolhido, que

---

[51] Vid., nesta linha, R. ZACZYK, *Das Unrecht der versuchten Tat*, 1989 p. 56; A. K.-HASSEMER, n.m. 254 entes do § 1; e A. K.-SCHILD, n.m. 73 antes dos §§ 20 e 21.

[52] Assim, E. R. ZAFFARONI, "El funcionalismo sistémico y sus perspectivas jurídico penales", em: *Estudios penales en memoria del profesor Augustín Fernández-Albor*, p. 747 e ss., especialmente 759 e ss., onde, em um discurso sumamente radicalizado, pretende-se demonstrar, nada menos, que "a versão alemã (sc. do funcionalismo sistêmico) aproxima-se perigosamente a um equivalente central da chamada 'doutrina da segurança nacional' e 'quais suas consequências jurídico-penais' (em alusão às estabelecidas na obra de Jakobs, mas também nas de Amelung e Roxin) levam ao ocaso do chamado 'direito penal liberal'".

[53] Segundo H. J. HIRSH, "das Schuldprinzip und seine Funktion im Strafrecht", ZStW, 106 (1994), p. 753, o formalismo da concepção de Jakobs conduz a que as normas devam ser protegidas como um fim em si mesmas, para lograr sua manutenção com independência de seu conteúdo.

[54] Vid. B. SCHÜNEMANN, "Kritische Anmerkungen zur geistigen Situation der deutschen Strafrechtswissenschaft", GA, 1995, p. 220 e s., quem considera que o método normativista de Jakobs, ao remeter para a interpretação dos conceitos penais unicamente a sua funcionalidade a respeito do sistema positivo, conduz ao estabelecimento de cadeias inteiras de círculos viciosos na argumentação, e, definitivamente, a um puro decisionismo.

[55] Vid. G. JAKOBS, ZStW, 107 (1995) (como na nota 12), p. 847 e ss., nota 10.

[56] AT², 1/20, nota 24 (a respeito das críticas de Zaczyc e Schild; vid. nota 50)

trata de compreender o fenômeno "da normatividade em si", não garante que as normas das quais se trata, sejam "normas em sentido enfático", isto é, normas legítimas.[57] Mas daí, a supor que, em sua concepção, a funcionalidade de um determinado elemento do sistema (por exemplo, a pena orientada à prevenção geral positiva), para a manutenção do correspondente sistema social fundamente, já sua legitimidade, existe uma grande distância, contra cujo desconhecimento também previne expressamente Jakobs. O ponto de vista funcionalista que mantém não poupa nem transfere as questões de legitimação, mas, a seu juízo, estas não podem ser resolvidas no plano interno do Direito Penal: o Direito Penal não vale mais que a ordem social que contribui a manter, e, portanto, só pode extrair sua legitimidade, em última instância, da existência de normas legítimas.[58] Nesta mesma linha assinalou Müssig, que a questão acerca dos critérios de legitimação material das normas penais transbordariam o leito formal (e positivista) da prevenção geral positiva, e remeteria à análise dos critérios materiais de identidade de uma determinada sociedade.[59] Na imagem que ambos parecem querer transmitir, da dogmática jurídico-penal, tal análise não corresponde, entretanto, ao "intérprete" do Direito Penal. Para este,"não se trata do Direito Penal de uma sociedade desejável, se não do Direito Penal daquela sociedade que o sistema jurídico gerou por diferenciação". A decisão sobre o alcance dos processos de criminalização seria uma "tarefa puramente política, não jurídico-penal", na qual a ciência do Direito Penal só corresponderia determinar quais

---

[57] ZStW, 107 (1995) (como na nota 12), p. 848, nota 10.
[58] Vid. neste sentido, por exemplo, G. JAKOBS, AT² (como na nota 3), 1/1 e ss., 1/8, e especialmente 1/18 (o modelo defendido "pressupõe que a ordem social merece os custos que se impõe ao infrator da norma"), 1/20 ("a pena só pode ser legitimada pelo valor do ordenamento para cuja manutenção se castiga"), e 1/24 ("a prevenção pode ficar limitada pela atribuição de um ramo superior a outros fins, já que "a profilaxia de delitos não é o fim mais elevado". Vid. também idem, ZStW, 107 (1995) (como na nota 12), p. 25 e ss., 33 e ss. e 37.
[59] Vid. B. J. A. MÜSSIG, *Rechtsgüterschutz* (como na nota 9), p. 137, 142 e s., 157 e ss. 165 e ss., 230 e s.

são os efeitos da regulação legal e, sua correspondência ou não, com as valorações estabelecidas.[60]

b) A impressão que assim se obtém, da orientação metodológica de Jakobs, não se confirma, totalmente, entretanto, nem sequer quando sua exposição se mantêm no elevado nível de abstração, que corresponde à definição da prevenção geral positiva. As deduções não se obtém, aqui, sempre a partir de uma descrição neutralmente valorativa do fenômeno da normatividade em si, nem do sentido e funcionamento da pena, segundo seu próprio conceito, em qualquer sociedade imaginável. As conclusões obtidas se devem também, em parte, à anunciada concretização da análise às particulares condições do Direito vigente na Alemanha, mas tomado não só em sua qualidade de Direito positivo, senão também de ordenamento legítimo, produzindo-se, desse modo, a nosso juízo, uma certa síntese entre uma justificação funcional ou final e uma legitimação racional ou valorativa.[61]

Isso se expressa ali onde Jakobs toma posição – e perfilha seu modelo de prevenção geral – frente a outras concepções sobre o sentido e o fim da pena. Assim, a concepção das teorias absolutas não só é impraticável, a seu juízo, porque seja já um dado estabelecido desde Hegel, que a magnitude da pena só se pode estabelecer a partir da concreta experiência valorativa que a sociedade tenha da "periculosidade da ação" para ela, senão, também, porque "qualquer outra orientação conduz a valorações que não têm um lugar legítimo no marco de uma pena esta-

---

[60] Vid. G. JAKOBS, ZStW, 107 (1995) (como na nota 12), p. 855, apoiando-se no ponto de vista de Max Weber para justificar esta visão da ciência do Direito. Sobre esta pretensão metodológica de separar definitivamente dogmática e política criminal, vid. C. SUÁREZ GONZÁLEZ/M. CÂNCIO MELIÁ, *La reformulación de la tipicidad a traves de la teoría de la imputación objetiva en Derecho Penal*, Madrid, 1996, p. 79 e s. (com nota 164), com certo ceticismo sobre a viabilidade de tal propósito.

[61] Vid. Neste sentido, A. K.-SHILD, n.m. 73 antes dos §§ 20 e 21. Vid. também idem, *Strafrechtsdogmatik als Handlunggslehre ohne Handlunggsbegriff*, GA, 1995, p. 101-120, 119. Sobre a referência da concepção de JAKOBS ao sistema social e jurídico-político vigente na Alemanha, Vid. também C. SUÁREZ GONZÁLEZ/ M. CANCIO MELIÁ (como na nota anterior), p. 80, nota 166.

tal",⁶² em alusão direta à conhecida crítica de que aquele entendimento da pena, com sua apelação a um princípio de Justiça absoluta, representa – por empregar novamente uma expressão de Carrara – "uma fórmula vasta que autoriza à sociedade a vincular a moralidade *interna*, mais que a *externa* e à mercê da qual a autoridade civil usurpa um atributo divino".⁶³ Também em relação com a possibilidade de configurar a prevenção especial como fim único ou principal da pena, Jakobs, utiliza novamente argumentos que remetem a uma determinada visão da sociedade, inspirada nos princípios liberais do Estado de Direito. Assim, "a principal objeção" que cabe efetuar, a seu juízo, contra tal possibilidade, apoia-se na "lesão do princípio do fato" que leva a considerar o delito cometido como simples ocasião para o tratamento de seu autor; um princípio que, como ele mesmo recorda, "deve sua origem àquelas teorias penais que querem graduar a pena atendendo à magnitude do dano produzido". Ademais, a indeterminação do tempo de duração das consequências, característica das soluções preventivo-especiais, seria nociva desde o ponto de vista do Estado de Direito, sempre que ditas consequências consistiram na inflição de males e não tiveram um caráter assistencial.⁶⁴ Finalmente, na reprovação por parte de Jakobs da intimidação como fim da pena nos modelos da prevenção geral negativa, pulsa não só uma reflexão sobre a escassa praticabilidade de uma colocação semelhante ou sobre a maior efetividade ao longo de uma pena dirigida a estabilizar as expectativas derivadas da norma infringida, senão, provavelmente, também considerações de princípio, acerca da necessidade de vincular a gravidade da san-

---

⁶² G. JAKOBS, AT² (como na nota 3), 1/23.
⁶³ F. CARRARA, *Programma...* (como na nota 38), p. 545. Vid., no mesmo sentido, e quase em idênticos termos, C. ROXIN, CPC, 30 (1986), p. 688 e s.; e também C.S. NINO, *Ética y derechos humanos. Un ensaio de justificación*. 1ª ed. (espanhola), 1989, p. 450 e ss.; e idem, "La derivación de los princípios de responsabilidad penal de los fundamentos de los derechos humanos", DP 1989, p. 43 e s.
⁶⁴ Vid. G. JAKOBS, AT² (como na nota 3), 1/41 e ss.

ção ao dano social do delito, e não às vantagens que sua comissão possa reportar ao delinquente.[65]

1.5. Sobre a compatibilidade da prevenção geral positiva com o pensamento da ressocialização

No que tange aos argumentos restantes, que se verteram contra o pensamento da prevenção geral positiva de Jakobs, resulta especialmente injustificado o relativo ao suposto deslocamento, que nele havia experimentado, o fim da ressocialização do delinquente, já que expressamente sustenta que a prevenção especial pode constituir, também, no marco de um modelo orientado primariamente à prevenção geral positiva, "uma estratégia alternativa para a resolução do conflito e, ademais, o único ponto de vista conforme ao qual se pode configurar o dever de suportar os custos que pesam sobre o autor, de um modo que resulte razoável também para ele". De acordo com isso, a prevenção especial é considerada por Jakobs como a única finalidade que pode complementar dito modelo, ainda com restrições não só de caráter fático, derivadas da limitação do tempo máximo da condenação pela prevenção geral positiva, senão também *de caráter jurídico*, pois "O Estado não tem, a seu juízo, legitimação alguma para otimizar a atitude dos cidadãos, senão que se conforma com a observância externa do Direito", tendo que se "limitar a prevenção especial, principalmente, à liberação das pressões externas e internas" que afetam o delinquente, e "só com o emprego de meios que resultem legítimos, frente a qualquer outro cidadão não incurso na responsabili-

---

[65] Vid. G. JAKOBS, AT² (como na nota 3), 1/29 e ss., especialmente 1/31: "Esta potencialmente extrema desproporção entre o *quantum* do proveito derivado do fato e o *quantum* de sua danosidade social, é o resultado de que, no modelo da intimidação, não apareçam os destinatários da função punitiva: os membros da sociedade que devem ser protegidos dos rompimentos da norma. Eles não veem, preferencialmente, o delito como um acontecimento que é potencialmente vantajoso para o autor, senão como um ocorrido que a eles mesmos pode prejudicar".

dade penal".⁶⁶ O pensamento da prevenção especial, em sua vertente de ressocialização, está, pois, plenamente integrado na concepção de Jakobs e submetido nela estão as mesmas ou parecidas cautelas que, precisamente, desde a perspectiva do Estado (social e democrático) de Direito, colocam alguns de seus críticos espanhóis.⁶⁷

1.6. Prevenção geral positiva e alternativas à pena como meio de solução dos conflitos sociais

a) Não mais acertadas são, em princípio, as críticas formuladas a Jakobs pela pretendida falta de consideração de alternativas ("equivalentes funcionais") à pena. Já a referência, contida na "*culpabilidade e prevenção*", na qual "a necessidade de pena decai quando resulta possível um processamento distinto da defraudação da expectativa",⁶⁸ apontava manifestamente nesta direção, que logo se desenvolveu amplamente no *Tratado*, mediante a menção de "outras possibilidades de solução do conflito", distintas das correspondentes às hipóteses de falta de culpabilidade, que se levaram em conta desde o começo: soluções que vão desde a renúncia à expectativa defraudada, até a suspensão da condenação, passando por sanções de caráter jurídico-civil etc.⁶⁹ Mais, até este momento, dificilmente se pode sustentar que sua colocação só ofereça uma resposta repressiva ao fenômeno da desviação, e que desconheça

---

⁶⁶ Vid. G. JAKOBS, AT² (como na nota 3), 1/47 e 50 e ss.

⁶⁷ Pode-se comparar, por exemplo, o estabelecimento que se acaba de resumir no texto com o que foi formulado por S. MIR PUIG, "¿*Qué queda en pie de la resocialización?*", agora em: idem, *El Derecho penal del Estado social y democrático de Derecho* (como na nota 23), p. 141 e ss.

⁶⁸ G. JAKOBS, *Schuld und Prävention* (como na nota 6), p. 33 (=*Culpabilidad y prevención*, em G. JAKOBS, *Estudios de derecho penal*[como na nota 23]), p. 141 e ss.

⁶⁹ Vid. G. JAKOBS, AT² (como na nota 3), 1/12 e ss. (em 1/13, com a nota 14, traça-se a possibilidade de considerar a persecução seletiva da delinquência como uma destas estratégias alternativas sem que, entretanto, se vincule ao conceito de prevenção geral positiva nenhuma decisão em tal sentido, nem mesmo todavia se justifique uma distribuição desigual de tal processo; vid., entretanto, supra, no texto em torno da nota 22, a suposição de Baratta, em sentido contrário).

a possibilidade de atalhá-la ali onde se produz, no lugar onde se manifesta, quando Jakobs assinala, abertamente que, para obter finalidades preventivo-especiais, não é o procedimento mais adequado a imposição de uma pena, senão a prestação de medidas assistenciais, por exemplo, no caso de desemprego, de dificuldades familiares, de dependências etc., ou em termos, mais gerais, que "só desde uma perspectiva normativa é o autor a causa decisiva do conflito", pelo que "pode oferecer melhores possibilidades de êxito, iniciar a prevenção dos delitos mediante uma reorganização nos âmbitos que não sejam precisamente a esfera do autor".[70]

b) Não é, portanto, a falta de consideração de estratégias de resolução do conflito, alternativas à pena, o que se pode criticar no enfoque da prevenção geral positiva de Jakobs, senão melhor, na linha do assinalado por Mir Puig e Pérez Manzano, precisamente, a escassez de critérios normativos que orientem firmemente esta eleição, isto é, de critérios que indiquem por que e quando é necessária, precisamente, uma sanção com as características da pena e, em que circunstâncias se pode ou se deve prescindir dela e realizar um tratamento diferente do conflito. Este déficit da formulação da prevenção geral positiva foi admitido por Müssig, quem assinala, que "certamente desta colocação não se desvia para a caracterização sociológica da pena mais que a necessidade de uma reação demonstrativa para estabilização da norma. A configuração da sanção, sua radicalidade, assim como a necessidade de reagir com a pena e não fazer operar mecanismos de processamento (do conflito) se determinarão a partir da estrutura concreta da sociedade, isto é, que são produto do acordo 'normativo' numa concreta sociedade e dependentes, portanto, dos critérios normativos da identidade de tal sociedade".[71] Esta remissão pode ser correta e, no caso de Müssig, se traduz numa interessante orientação de tais critérios à constituição para tratar de determinar – à

---

[70] Vid. G. JAKOBS, AT² (como na nota 3), 1/42 e 47, *in fine*.
[71] B. J. A. MÜSSIG, *Rechtsgüterschutz* (como na nota 9), p. 145 e s.

luz não só de seu catálogo de direitos fundamentais, senão também de seus princípios organizadores essenciais – os possíveis conteúdos legítimos das normas penais, e a necessidade ou não de sua garantia com os instrumentos do Direito Penal.[72] Mas, a raiz desta relativa falta de conexão interna entre conceito preventivo-geral manejado e a pena pode encontrar-se já antes, em uma insuficiente atenção ao que de específico tem a pena no conjunto dos instrumentos de controle social.

De um modo indireto, Jakobs deu uma indicação acerca de onde se situa propriamente a questão. Por um lado, quando adverte que, salvo em ordenamentos utópicos, "também para os equivalentes funcionais da pena geram-se custos (no sentido de perda de bens de qualquer natureza), *que devem ser repartidos*"; e, por outro, quando em relação com o princípio da subsidiariedade, chave nesta matéria, observa que dito princípio não implica que a pena seja ilegítima cada vez que o conflito possa ser evitado ou resolvido, ao custo que fora, por uma via diferente da pena: o princípio da subsidiariedade e o da proporcionalidade, do qual aquele constitui a versão jurídico-penal, só regem, como diz Jakobs, "se os custos que implicam medida alternativa, afetam a uma pessoa a quem incumbe o conflito em questão" já que, em outro caso, não se poderia fundamentar o dever de suportá-los.[73] A seleção da forma de controle e tratamento dos conflitos, seja através da pena (que impõe custos ao transgressor, por sua transgressão), seja através de outras alternativas (que deslocam, eventualmente, esses custos a outras pessoas ou à sociedade em seu conjunto), constitui, com efeito, um problema de distribuição social das cargas correspondentes. Mas, na resolução deste problema, não se pode ignorar que a opção em favor da utilização do instrumento "pena" não alivia unilateralmente todas as cargas sobre o infrator, senão que, como assinalou Hart,

---

[72] Vid. ibidem, p. 168 e ss. com uma ampla adesão aos princípios de formalização da reação penal traçados por W. Hassemer.
[73] Vid. para o que segue G. JAKOBS, AT² (como na nota 3), 1/13 e 2/27.

supõe, frente a outras técnicas, de caráter manipulatório ou de simples incapacitação de sujeitos com tendências antissociais, assunção de um risco para a sociedade, ao colocar depois desta a intervenção "até que o dano já se tenha produzido; sua execução consiste simplesmente em anular certas pautas de comportamento e em designar penas à desviação, fazendo-a, assim, menos atrativa e, só então, deixando aos indivíduos que escolham. É este – conclui Hart – um método de controle social que, de diversos modos ou talvez em sentidos diferentes, maximiza a liberdade individual no marco da estrutura coativa do Direito", primeiro porque o sujeito pode escolher entre comportar-se conforme ao que nele se estabelece, ou "pagar" o custo da sanção e, em segundo lugar, porque, com isso incrementa-se o poder dos indivíduos "para identificar, com antecedência, os períodos em que os castigos jurídicos não vão interferir em suas vidas e, em consequência, poder planejá-los".[74]

A ideia de que a pena implica um custo para quem a sofre, cuja imposição também tem que ser suficientemente fundamentada em virtude de sua "função" a respeito do conflito, se encontra claramente expressada nas considerações de Jakobs sobre o conceito e o conteúdo da pena,[75] e se manifesta, também, quando se destina à pena a função de exercício, na aceitação das consequências", isto é, de aprendizagem da conexão entre a conduta e o dever de suportar seus custos. Mas, estes aspectos da pena e sua missão ficaram, a nosso juízo, num segundo plano, muito abaixo da vertente de confirmação da vigência da norma e, quando foi este o caso, da relativa ao exercício da fidelidade ao Direito. A atribuição à pena, de uma função de prevenção geral positiva supera, como assinala Jakobs, a imagem do exercício da função punitiva do Estado, como uma sequência irracional de dois males, em que, ao mal

---

[74] H. L. A. HART, *Introdución a los principios de la pena,* tradução de J. Betegón, em: *Derecho y moral. Ensayos analíticos* (edição por J. Betegón e J. R. de Páramo), 1990, p. 176 e s.
[75] Vid., por exemplo, G. JAKOBS, AT² (como na nota 3), 1/2 , 3, 10 e 11.

do delito sucede o mal do castigo. Sua definição, em termos positivos, de contribuição à manutenção da vigência da norma apresenta, pois, consideráveis vantagens, não só frente às teorias da retribuição, senão também frente às teorias da prevenção geral negativa, ou de intimidação, que fracassam na sua orientação exclusiva em direção ao potencial delinquente (indicativa de uma visão demasiada esquemática das normas) e desconsidera o dano que o delito produz ao conjunto da sociedade.[76]

Entretanto, o deslocamento excessivo da visão da pena como consequência negativa ou custa do delito e, definitivamente, como um mal, pode escurecer parte da problemática correspondente ao princípio da culpabilidade, enquanto critério específico de fixação da responsabilidade penal, pois nele se deve conciliar o necessário para a afirmação da vigência da norma com uma fundamentação suficiente do dever de suportar a pena como consequência de sua transgressão.

---

[76] Precisamente por isso, a teoria da prevenção geral intimidatória não pode ser desenvolvida consequentemente, senão com restrições que, quando introduzidas, desvirtuam completamente a essência desta concepção. A proporcionalidade da reação com a gravidade social do fato, característica das concepções retributivas, mas também da prevenção geral positiva, constitui um corpo estanho na lógica da intimidação, como advertiram claramente G. JAKOBS, AT² (como na nota 3), 1/29 e ss.; e entre nós, S. MIR PUIG, *Problemática de la pena y seguridad ciudadana*, em *El Derecho penal en el Estado social e democrático de derecho* (como na nota 23), p. 121. Tal incompatibilidade não se observa tanto no caso em que a eficácia intimidatória requeresse uma pena de entidade desproporcionalmente maior que a correspondente a gravidade do fato, pois aqui o critério de proporcionalidade poderia ser visto como um limite razoável às exigências preventivas, quanto na hipótese inversa, em que, pela elevada gravidade do fato, resultasse inaceitável a imposição da pena desproporcionalmente inferior, mas suficiente para a intimidação. Uma limitação da prevenção geral negativa, que se produza simultaneamente em ambos sentidos, constitui propriamente a transformação dessa concepção em uma visão substancialmente diferente da pena (assim G. JAKOBS, ibidem, 1/32). Na medida em que se admite que isto é assim (e MIR PUIG), resulta difícil atribuir à prevenção geral positiva uma função meramente "limitadora" (s.c. da prevenção geral de intimidação) e não fundamentadora da responsabilidade penal, Vid. S. MIR PUIG, *Función limitadora y función limitadora de la prevención general positiva*, em idem, *El Derecho penal en el Estado social e democratico de derecho* (como na nota 23), p. 129 e ss., especialmente, p. 134 e s.

1.7. Prevenção geral positiva e proteção de bens jurídicos

a) Antes de introduzirmos esta questão examinaremos, todavia, alguns outros aspectos polêmicos em que se colocaram em relação à forma com que Jakobs define a função do Direito Penal. Particularmente criticada foi a já comentada desvinculação, que em sua concepção se produz entre dita função e a de proteção de bens jurídicos, que em geral se lhe designa, tanto na Espanha como na Alemanha, como último fim ao Direito Penal.[77] Seguindo aqui novamente a orientação de Baratta, um amplo setor de nossa doutrina limita-se, geralmente, a formular a Jakobs uma reprovação por este motivo, sem realizar uma análise mais detida do alcance de sua discrepância com a doutrina dominante.[78] Uma posição que contrasta vivamente, por exemplo, com a de Roxin, quem, depois de efetuar tal análise, constata que as diferenças de opinião não são muito importantes.[79] Este é também nosso diagnóstico, que não impede, entretanto, assinalar que a crítica de Jakobs à doutrina da exclusiva proteção de bens jurídicos não está, em última instância, justificada.

b) A juízo de Jakobs, existem numerosas características subjetivas e objetivas nos tipos de delito que resultam irrelevantes, desde a perspectiva da lesão de um determinado bem jurídico e, com caráter geral, determinadas classes de delitos (antes de tudo os delitos de dever especial pela função institucional e os delitos de mão própria) que não têm como núcleo tal lesão, senão o descumprimento

---

[77] Vid. a doutrina espanhola somente G. RODRÍGUEZ MOURULLO, PG (como na nota 37), p. 19; e S. MIR PUIG, *Derecho penal. Parte general*, 3ª ed., 1990, p. 100 e ss.; na doutrina alemã, A. K.-HASSEMER, n.m. 243 e ss. antes do § 1, e C. ROXIN, *Strafrecht Allgemeiner Teil. Band I. Grunlagen. DerAulfbau der Verbrechenslehre*, 2ª ed., 1994, 2/1 e ss.

[78] Vid. BARATTA, CPC, 24 (1984), p. 534 e s. e 540 e ss.; S. MIR PUIG, (como na nota 23), p. 138 e s.; M.-PÉREZ MANZANO, *Culpabilidad y prevención* (como na nota 23), p. 255; J. M. SILVA SÁNCHEZ, *Aproximación...* (como na nota 34), p. 268 e ss. (especialmente na nota 374); A. GARCÍA-PABLOS, *Derecho penal* (como na nota 23), p. 92, com outras referências.

[79] Vid. C. ROXIN, AT I² (como na nota 77), 2/37 e s.

de expectativas vinculadas ao papel do sujeito no marco de uma instituição e dirigidas, não negativamente, à evitação da lesão, senão, positivamente, à produção de bens jurídicos.[80] Por outro lado, a compreensão do fim da norma como orientado à proteção de bens jurídicos, tampouco seria adequada em relação a certas normas que servem a uma proteção direta da paz social sem a tutela intermediária de nenhum bem jurídico.[81] Em relação a isso deve-se admitir, em primeiro lugar, que existem importantes diferenças estruturais entre umas categorias de delito e outras, e que, em particular, resulta em muitos aspectos frutífera a distinção de Jakobs entre delitos em virtude de uma função de organização (delitos de domínio, na terminologia mais usual na Alemanha) e os delitos em virtude de uma função institucional (delitos especiais ou de dever especial, nessa mesma terminologia). Entretanto, cabe também apreciar um traço comum em todos eles, no que diz respeito ao problema aqui exposto. Tanto as normas que impõem a um sujeito a obrigação de evitar uma extensão da própria esfera de organização ao custo dos âmbitos organizativos de outros e expõem, portanto, uma relação puramente negativa entre o sujeito e o bem jurídico (*neminem laedere*), como aquelas que obrigam, pelo contrário, à "conexão de esferas vitais" ou à "configuração de um mundo parcialmente comum" e, com isso, a prestações positivas para a subsistência, ou a produção de bens jurídicos, contém, geralmente, uma referência a um estado de coisas (presente ou futuro) que se define pela existência de um bem jurídico. A diferença entre o ponto de vista de Jakobs e o geralmente admitido, pode basear-se pois, no estabelecimento para o conceito de bem jurídico de uma "barreira definicional" por parte daquele, conforme a qual só se considera, em uma visão estática e não dinâmica do dito conceito, a situação pre-

---

[80] Vid. G. JAKOBS, AT² (como na nota 3), 2/16 e ss.
[81] Idem, 2/19.

sente, e não o desenvolvimento futuro desejado.[82] A questão carece, em qualquer caso, de uma grande importância, porque existe, ademais, um acordo generalizado acerca de que a intervenção penal é legítima em ambos os casos.

Também é verdade que em inúmeros delitos existem componentes objetivos ou subjetivos que não guardam uma estrita relação com a lesão ou a colocação em perigo de bens jurídicos. Isso não é, entretanto, necessariamente incompatível com o entendimento de que o Direito Penal tem como última missão a proteção preventiva de bens jurídicos. A introdução de tais elementos pode cumprir determinadas funções,[83] nem todas elas legítimas por certo, enquanto que se pode construir, com sua inclusão, valorações globais da atitude interna do sujeito, desde uma perspectiva moralizante.[84] Em qualquer caso, está claro que, tampouco, existe até aqui uma diferença essencial de critério com o que usualmente se sustenta desde a afirmação do princípio da exclusiva proteção dos bens jurídicos.

A questão somente se sustenta de um modo diferente, em princípio, a respeito das normas que tendem a assegurar diretamente a "paz social", já que não é fácil estabelecer, em termos gerais, se nos encontramos ante orientações normativas que podem ser definidas também como bens jurídicos, se se trata de hipóteses em que, por exceção, o

---

[82] Vid. neste sentido W. HASSEMER / F. MUÑOZ CONDE, *Introdución al Derecho penal y la Criminología*, 1990, p. 110 e ss.

[83] C. ROXIN, AT I² (como na nota 77), 2/37, chama a atenção, precisamente, em relação à opinião de Jakobs, sobre uma (provavelmente a principal) das funções que legitimamente se pode atribuir ao fenômeno assinalado: limitar a proteção penal dos bens jurídicos, conforme o princípio da subsidiariedade àquelas modalidades de ataque em que resulta necessária.

[84] Sobre a questão, têm principal interesse, na literatura de língua espanhola, as posições de C. S. NINO, *Los límites de la responsabilidad penal. Una teoria liberal del delito*, 1980, p. 271 e ss.; e M. A. SANCINETTI, *Teoría del delito y disvalor de acción. Una investigación sobre las consecuencias prácticas de un concepto personal de ilícito circunscripto al divalor de acción*, 1991, p. 86 e ss. O desacordo entre ambos autores se refere a se a consideração do desvalor da intenção no ilícito compromete a distinção de Direito e Moral, coincidindo ambos, ademais, em seu afastamento de um Direito penal moralizante. Vid. também, neste sentido G. JAKOBS, *"Vermeidbares Verhalten und Strafrechtssystem"*, F. S. Wezel, 1974, p. 321 e s. (=*Comportamiento evitable y sistema del Derecho penal* [tradução de Manuel Cancio Meliá], em: G. JAKOBS, *Estudios de Derecho penal*, [como na nota 6], p. 147 e ss.)

Direito Penal pode estender-se à proteção de valorações sociais muito purificadas na sociedade,[85] ou se, pelo contrário, se trata de objetos que nem podem ser qualificados de bens jurídicos, nem são dignos de tutela penal.

c) A própria falta de clareza acerca do que consiste ou pode consistir um bem jurídico, pesa gravemente sobre toda essa problemática. Mas, inclusive, independentemente de uma precisa determinação do conteúdo de referido conceito, a doutrina da proteção dos bens jurídicos, como missão do Direito Penal, constitui já uma garantia, ao obrigar a um esforço de justificação na criação das normas penais: como assinalou Amelung, "quem toma como ponto de orientação o princípio da proteção de bens jurídicos" não pode "legitimar as normas por si mesmas", nem a imposição de penas por seu puro e simples rompimento, para demonstrar a versão em direção a uma determinada forma de comportamento, senão que "tem, pelo contrário, que demonstrar, as consequências indesejadas que estão por detrás do rompimento da norma".[86]

A consideração por parte de Jakobs de que o bem jurídico a proteger pelo Direito Penal, o "bem jurídico-penal", é sempre a vigência efetiva da norma, não deve suscitar a impressão de que, com isso, já se incorreu no defeito que se acaba de assinalar. Bem ao contrário, Jakobs sustenta que as características "da conduta de outras pessoas não podem ser reguladas por seu mesmo conteúdo. Uma conduta que nem objetivamente, nem segundo a opinião dos cidadãos, tem consequências prejudiciais, fica excluída, por falta de referência social, como mera imoralidade, do âmbito que deve ser regulado jurídico-penalmente".[87]

A norma penal, para ser legítima passa, portanto, por um "filtro" relativo às consequências nocivas que estão além do rompimento da norma. O que sucede é que este

---

[85] Vid. por exemplo, neste sentido, S. K. RUDOLPHI, n.m. 11 antes do § 1.
[86] K. AMELUNG, *Rechtsgutsverletzung und Sozialschädlichkeit*", em: JUNG/MÜLLER-DIETZ/NEUMANN, *Recht und Moral. Beiträge zu einer Standsortbestimmung*, p. 275.
[87] Vid. G. JAKOBS, AT² (como na nota 3), 2/21.

"filtro da danosidade social" do comportamento não só o superariam as normas que protegem bens jurídicos, senão também, conforme ao já indicado, normas dirigidas à produção de bens jurídicos e normas orientadas à proteção da paz social.[88] Além disso, a crítica de Jakobs à doutrina do bem jurídico centra-se na ideia de que, inclusive, os bens jurídicos que devem ser protegidos pelo Direito Penal não gozam de uma proteção absoluta em uma sociedade que permite, numa medida muito considerável, o sacrifício de bens para possibilitar um contato social: "por isso, uma norma não pode proteger um bem – na medida em que se trate de proteção de bens – frente a todos os riscos, senão tão só contra aqueles que não são consequência necessária do contato social permitido. A doutrina dos bens jurídicos não pode explicar, entretanto, o que é esta classe de contato social.[89]

d) Definitivamente, a posição de Jakobs não se distingue materialmente da doutrina dominante mais que em algumas matizes conceituais que poderiam ser integradas nela sem muita dificuldade, e numa certa aceitação mais resignada, que fervorosa, da paz social como objeto de proteção de algumas normas penais. Sobre o primeiro, só cabe acrescentar que, ainda que não se possa explicar unicamente por uma referência ao bem jurídico o que é o que determina que alguns bens se convertam em bens jurídico-penalmente protegidos, nem os limites nos quais, dentro do contato social, são toleráveis os riscos que os afetam, a importância dos bens em jogo é sempre um dos fatores a considerar.[90]

No que tange aos delitos que atentam contra a paz social, Jakobs advertiu que neles a intranquilidade produzida nos cidadãos, causada pela conduta incriminada,

---

[88] Vid. G. JAKOBS, AT² (como na nota 3), 2/25.

[89] Vid. G. JAKOBS, AT² (como na nota 3), 2/23.

[90] Assim o admite, por exemplo, o próprio G. JAKOBS, AT² (como na nota 3), 7/47, para a determinação das capacidades a atribuir ao espectador imparcial na definição do risco permitido. Em termos gerais vid. nesta direção, J. M. SILVA SÁNCHEZ, *Aproximación*... (como na nota 34), p. 277 e ss., com outras referências.

podia descansar em uma atitude pouco racional ou pouco ilustrada por sua parte, mas termina aceitando sua existência porque "uma sociedade não ilustrada, e um Direito Penal racional, não se correspondem mutuamente".[91] Tal afirmação pode valer como diagnóstico, como constatação das razões pelas quais, em um sistema, existem determinadas normas penais, mas não basta como justificação de sua existência. O Direito não tem que adaptar-se, necessariamente, a qualquer convicção ou sentimento vigente na sociedade. E a respeito disso faz referência Jakobs, por certo, em outros lugares. Assim, em sua crítica da fundamentação que oferece à teoria da impressão para a punibilidade da tentativa, observa que incorre, ao menos em uma defeituosa formulação, já que o decisivo não é, não pode ser, a comoção em sentido fático ou psicológico-social que o fato produza em qualquer conjunto de pessoas, senão "a legitimidade da intervenção (sc. do Direito Penal) antes da realização do tipo".[92] E um pouco depois, ao criticar a fundamentação que essa teoria oferece da impunidade da tentativa supersticiosa (a ausência da correspondente comoção provocada pelo fato) adverte, atinadamente, que essa falta de impressão não é geral, senão que se limita a uma determinada classe de pessoas, os sujeitos "ilustrados", que não se deixam levar por superstições. Definitivamente, o que explica esta impunidade, é uma valoração de tentar, desde uma perspectiva racional, "ilustrada", como comunicativamente irrelevante.[93]

Mais interessantes são ainda as limitações que, desde a perspectiva da legitimidade da intervenção penal, vem expondo Jakobs à criação de normas que castigam comportamentos sem uma referência precisa a bens jurídicos determinados, ou que supõe uma manifesta antecipação de sua proteção jurídico-penal. O impulso inicial se produziu em sua obra sobre a "criminalização no estado prévio à lesão de um bem jurídico", onde Jakobs se opôs veemen-

---

[91] Vid. G. JAKOBS, AT² (como na nota 3), 2/20.
[92] Vid. ibidem, 25/20.
[93] Vid. ibidem, 25/22.

temente ao "despreocupado positivismo" que, a seu juízo, caracteriza a atitude da doutrina a respeito, e trata de fundamentar estritos limites à atividade punitiva do Estado, a partir da definição da posição jurídica do cidadão num regime de liberdades.[94] Da reformulação que sobre esta base realiza do princípio do fato (como exigência de respeito da esfera interna ou privada do cidadão),[95] e da exigência à proibição de um comportamento, de que o mesmo produza uma perturbação externa ou, o que é igual, suponha uma "adoção atual de uma organização alheia",[96] Jakobs deduz aqui importantes consequências para a delimitação do âmbito do punível ou da intensidade da reação penal, em relação, entre outros aspectos, aos atos preparatórios e ao começo da tentativa, aos delitos de perigo e aos delitos que atentam contra a paz jurídica ou que favorecem um clima hostil ao Direito.[97] Estas consequências ficaram amplamente incorporadas à segunda edição do Tratado de Jakobs,[98] e mostram, bem claramente, a capacidade da exposição deste autor para distinguir entre normas penais legítimas e ilegítimas.[99]

---

[94] G. JAKOBS, "Kriminalisierung im Vorfeld einer Rechtsgutsverletzung", ZStW, 97 (1985), p. 751 e ss. (= *Criminalización en el estadio previo a la lesión de un bien jurídico* [nata 10], em G. JAKOBS, *Estudios de Derecho penal* [como na nota 6]).

[95] Vid. ibidem, p. 753 e ss.

[96] Vid. ibidem, p. 759, 761 e s., 766 e s., 773, e 779 e s.

[97] Vid. ibidem, p. 762 e ss., 767 e ss. e 773 e ss., respectivamente. Este conceito da "perturbação externa" ou da "atribuição atual" tem evidentes pontos de contato com o da "periculosidade objetiva para um bem jurídico". O próprio Jakobs, p. 766 e s., equipara-os expressamente.

[98] Vid. G. JAKOBS, AT² (como na nota 3), 2/25 a e ss., 6/86 e ss. e 25/1 e ss.

[99] Vid. também agora G. JAKOBS, ZStW, 107 (1995) (como na nota 12), p. 855-858, onde efetua-se uma defesa matizada da incriminação de delitos de perigo, em parte com o argumento de que no Estado de bem-estar a segurança converte-se em um direito, pelo que (alguns) delitos de perigo abstrato não só perturbam a ordem pública, como também esse direito à segurança. Sobre a discussão atual acerca da incriminação dos delitos de perigo abstrato, vid. também B.SHÜNEMANN, GA, 1995, p. 203 e ss., quem, com sua oposição simultânea ao "individualismo monista da Escola de Frankfurt"e à "teoria jurídico penal monístico-normativista de Jakobs", demonstra que não se pode atribuir (ao menos exclusivamente) a esta última direção, a tendência de uma "perigosa" ampliação neste terreno do âmbito do punível. Neste sentido B. J. A. MÜSSIG, *Rechtsgüterschutz* (como na nota 9), p. 229.

e) Como assinalou Müssing, a teoria da prevenção geral positiva não substitui a doutrina do bem jurídico, pois ambas se movem (até certo ponto, matizaríamos nós) em níveis diferentes: uma no plano da explicação da função social da pena, e a outra na determinação dos critérios materiais de legitimação da incriminação de comportamentos em uma sociedade de determinadas características.[100] Frente ao ceticismo que, ademais, mostra este autor sobre a capacidade de dita doutrina para cumprir adequadamente esta tarefa, somos da opinião de que, combinando ambos aspectos, o mais adequado segue sendo definir a missão do Direito Penal como proteção preventiva de bens jurídicos. Jakobs finalmente reconhece (ainda que tão só para um setor do Direito Penal) que não traria consigo nenhuma vantagem "transbordar" a inteira doutrina do bem jurídico e tratar de apelar diretamente à danosidade social da conduta, o que teria, entre outros, o grave inconveniente de favorecer uma indesejável relativização da proteção de bens jurídicos altamente pessoais, por considerações de utilidade social.[101] Mas, além disso, a referência ao bem jurídico, em cada caso, afetado negativamente pela conduta, especialmente se se pode justificar a importância do mesmo à autorrealização da pessoa,[102] possibilita uma tarefa – a de comprovar se a norma que a proíbe supera aquele "filtro de danosidade" imprescindível –, que em outro caso poderia estar envolvida em dificuldades praticamente insuperáveis.

---

[100] B. J. A. MÜSSIG, *Rechtsgüterschutz* (como na nota 9), p. 142 e s. e 230.
[101] Vid. G. JAKOBS, AT² (como na nota 3), 2/24.
[102] Um conceito personalista de bem jurídico é adotado na doutrina espanhola, entre outros, S. MIR PUIG, *Introducción a las bases del derecho penal. Concepto y método*, 1976, p. 137 e ss. (adquirindo-se substancialmente a R. P. CALLIES, *Theorie der Strafe im demokratischen sozialen Rechtstaat*, 1973, p. 143 e ss., com múltiplas referências à doutrina espanhola e estrangeira desta orientação. Vid. também W. HASSEMER/F. MUÑOZ CONDE, *Introducción* (como na nota 83), p. 108 e ss. A esta colocação aproxima-se o próprio Vid. G. JAKOBS, AT² (como na nota 3), 2/14 e s.; e B. J. A. MÜSSIG, *Rechtsgüterschutz* (como na nota 9), p. 188 e ss. e 240.

1.8. Prevenção geral positiva e autonomia moral da pessoa

a) Outra crítica *standard* à teoria da prevenção geral positiva e, em particular, à versão da mesma, que se encontra contida na obra de Jakobs, consiste na reprovação de que nela não se respeitaria a autonomia moral dos indivíduos, ao tratar de conformar sua consciência ética e impor-lhes, com o mecanismo da pena, além do respeito externo às normas jurídicas, uma atitude de interna adesão aos valores que incorporam.[103] Tal reprovação, quando se determina em que sentido se formula, tende a vincular-se à orientação da pena em direção à missão de exercitar os cidadãos no exercício de fidelidade ao Direito. "As doutrinas da prevenção geral positiva ou integradora" teriam assim, como característica comum, "o predomínio de elementos ético-sociais" projetando a missão do Direito Penal "sobre o foro interno dos cidadãos" para tratar de neles gerar uma atitude de "convencimento", de "fidelidade ao Direito", de um modo mais intervencionista, em suma, que a prevenção geral negativa, que trataria simplesmente de apartá-los, mediante a intimidação da realização de condutas contrárias ao ordenamento.[104] Concebida nestes termos, a crítica afeta menos a concepção de Jakobs que as outras versões deste pensamento, os quais casam melhor à denominação de prevenção de integração, porque ressaltam na pena a função de psicologia ou pedagogia social, enquanto que, no caso de Jakobs, essa dimensão, muito presente a princípio, foi sendo declinanda, como já se expôs,[105] até desaparecer praticamente por completo.

b) A objeção podia afetar também a concepção atual de Jakobs, num aspecto diferente, vinculado a sua definição da lesão da vigência das normas essenciais como lesão

---

[103] Vid. J. M. SILVA SÁNCHEZ, *Aproximación...* (como na nota 34), p. 226 e ss. Vid., também, no mesmo sentido, S. MIR PUIG (como na nota 23), p. 138 e 140; M. PÉREZ MANZANO, *Culpabilidad y prevención* (como na nota 23), p. 28; e A. GARCIA-PABLOS, *Derecho penal* (como na nota 23), p. 93.
[104] Assim, J. M. SILVA SANCHEZ, ibidem, p. 229 e s., 231 e 233.
[105] Vid. supra 1.1.

do bem jurídico-penal. A doutrina do dano intelectual ou mediato do delito, com a qual esta ideia aparenta, cumpriu, de um modo muito principal, a função de estender uma ponte entre duas classes de fatos puníveis que, desde o ponto de vista do "dano material" ou "imediato", desde a perspectiva da lesão de um bem jurídico (no sentido usual da expressão), parecem imperdoavelmente separados: a tentativa e a consumação do delito. Como recordou Sancinetti,[106] um autor tão significativo como Carrara, explicava a punição da tentativa dizendo que os "delitos imperfeitos" – nos que não só falta o dano imediato do delito consumado, senão que pode estar ausente qualquer dano desta espécie – são "politicamente imputáveis",[107] pela evidente produção de um dano mediato. No caso de Jakobs, a ideia do rompimento da norma como lesão do bem jurídico-penal joga também um importante papel na fundamentação da punição da tentativa e dos demais casos em que o âmbito do punível se antecipa à lesão de um bem jurídico, assim como na justificação do motivo por que se tomarão em consideração elementos relativos ao desvalor da ação.[108]

Não é estranho, pois, que, desde o princípio se relacionasse, portanto, a concepção preventiva geral de Jakobs com a tese de que parte a doutrina do injusto pessoal de Welzel: a que "mais essencial do que a proteção dos bens jurídicos concretos é a missão de assegurar a vigência (observância) dos valores de ação da atitude jurídica".[109]

---

[106] M. A. SANCINETTI, *Disvalor de acción* (como na nota 84), p. 385 e ss.
[107] F. CARRARA, *Programma*... (como na nota 38), t. I, § 352.
[108] Vid. G. JAKOBS, AT² (como na nota 3), 2/16 e 25 a; 25/15, 20 e 21 e ss.; idem, *Rücktritt als Tatänderung versus allgemeines Nachtatverhalten"* ZstW, 104 (1992), p. 82 e s. (= *El desistimiento como modificación del hecho* [tradução de Enrique Peñaranda Ramos] em: G. JAKOBS, *Estudios de derecho penal*[como na nota 6], p. 325 e ss.). Nesta direção também E. J. LAMPE, *das personale Unrecht*, 1967, p. 217, 225 ess., 229, 237 e 254 e s.; e H. OTTO, ZStW, 87, (1975), p. 539 e ss. (especialmente p. 555 e ss. e 561).
[109] H. WEZEL, *das Deutsche Strafrecht*, 11ª ed., 1969, p. 3. G. JAKOBS, AT² (como na nota 3), 1/15, nota 15, admite abertamente esta relação, assinalada entre outros por A. K. HASSEMER, n.m. 253 e s. e 429 entes do § 1. Vid. também W. HASSEMER/F. MUÑOZ CONDE, *Introdución*... (como na nota 82), p. 103 e s.

Frente à constante objeção que esta tese conduziria, em última instância, ao castigo da pura atitude interna, e terminaria por confundir imperdoavelmente, os âmbitos do Direito e da Moral,[110] sempre se fez notar que a atitude interna, da qual aqui se fala, seria uma "atitude jurídica (isto é legal, não necessariamente moral)", e que "só a efetiva modelação no fato dessa desviação (dos valores de ação) desencadeia a imposição de uma pena".[111]

Em qualquer caso, Jakobs afasta que em sua concepção se produza esta confusão entre Direito e Moral, já que nela não interfere o foro interno, e adverte, ademais, acertadamente, que a possibilidade de recair em um Direito Penal da atitude interna afeta, em princípio, qualquer teoria, porque, inclusive, atendendo-se firmemente a "proteção de bens jurídicos claramente perceptíveis pelos sentidos", disso "não se deduz resposta alguma à pergunta de se e quando se dá um ataque tão perigoso que se faz necessária uma pena. Todo delito começa na cabeça do autor e termina no mundo exterior. O princípio do fato,adverte Jakobs, não se pode explicar por isso,[112] a partir do princípio da proteção de bens jurídicos".

Justamente a convicção de que é censurável a tendência do Direito Penal de invadir o âmbito privado dos cidadãos, e que, dita tendência vem fomentada por diversos fatores que vão desde a subjetivação dos pressupostos da imputação, pela doutrina do injusto pessoal, até o próprio princípio de proteção de bens jurídicos – que, convertido

---

[110] Vid., por exemplo, G. SPENDEL, F. S. Stock, p. 92; H. J. RUDOLPHI, F. S. Maurash, p. 71; idem, SK, n.m.2 antes do § 1; K. AMELUNG, *Rechtsgüterschutz und Schutz der Gesellschaft*, 1972, p. 273 e ss.; HASSEMER, *Theorie und Soziologie des Verbrechens*, 1973, p. 87 e ss.; R. LIPPOLD, *Reine Rechtslehre und Strafrechtsdoktrin*, 1989, p. 311 e ss. Mais diversificadamente agora A. K.-HASSEMER, n.m. 251 e ss. antes do § 1; e W. HASSEMER/F. MUÑOZ CONDE, *Introducción...* (como na nota 82), p. 100 e ss. Na doutrina espanhola, Vid. G. RODRÍGUEZ MOURULLO, PG (como na nota 37), p. 23 e s. e MIR PUIG, *La perspectiva ex ante en Derecho penal*, agora em *El Derecho penal en el Estado social y democrático de Derecho* (como na nota 23), p. 101.

[111] H. WELZEL, *das Deutsche Strafrecht* (como na nota 109), p. 2. Vid. também neste sentido M. A. SANCINETTI, *Disvalor de acción* (como na nota 84), p. 104 e ss., 305 e s., e 350; C. ROXIN, AT I² (como na nota 77), 2/35.

[112] Vid. G. JAKOBS, AT² (como na nota 3), 2/5, nota 2.

em critério absoluto, antecipa a barreira de proteção do âmbito interno do indivíduo –, está na base da já mencionada reconstrução do princípio do fato em sua obra sobre a "criminalização no estado prévio à lesão de um bem jurídico".[113] A partir de dita reconstrução, o modelo preventivo-geral de Jakobs adquire seu perfil atual, no qual fica descartada uma prevenção a qualquer custo:[114] nele se trata, melhor, de conciliar a proteção das potenciais vítimas com a garantia para todos, também dos potenciais autores, de uma esfera privada ou interna, que se formula (normativamente) em termos muito mais amplos que a concepção tradicional do princípio (limitado, de forma naturalista aos pensamentos). O reconhecimento de tal âmbito, isento de interferência estatal ligado a posição do cidadão, enquanto tal (e não como possível inimigo de um bem jurídico), em um Estado de Direito, configura um modelo de "Direito Penal do Cidadão" que "otimiza esferas de liberdade".[115]

Para valorar adequadamente o significado que tem a noção de (lesão do) bem jurídico-penal, na concepção de Jakobs, é necessário considerar também, a forma em que este autor considera fundamentado o injusto, sem deixar-se levar por interpretações inexatas da expressão "quebra da confiança na vigência da norma" com que se define aquela lesão. Frente à inclinação a entendê-la em um sentido semelhante a da "teoria da impressão", doutrina amplamente defendida na Alemanha e, em menor medida na Espanha, que fundamenta a punição da tentativa em considerações político-criminais sobre a "comoção" produzida pelo fato, na confiança da generalidade,[116] a quebra da confiança na vigência da norma não se concebe no sen-

---

[113] Vid. G. JAKOBS, ZStW, 97 (1995), p. 752 e ss. (=*Criminalización en el estadio previo a una lesión de un bien jurídico*[nota 10], em: G. JAKOBS, *Estudios de Derecho penal* [como na nota 6])

[114] Vid. a manifestação de Jakobs, em tal sentido, em W. GROPP, *"Tagungsbericht"*, ZStW, 97 (1985), p. 930.

[115] Assim, G. JAKOBS, ZStW, 97 (1985) (=nota 10), p. 756.

[116] Na doutrina espanhola, Vid. G. RODRIGUEZ MOURULLO, ComCP, t. II, 1972, p. 224.

tido de um efeito sociopsicológico que o comportamento produza *faticamente* em qualquer coletividade, senão normativamente, como impressão legitimamente fundada, a partir da norma correspondente, porque o sujeito se afastou efetivamente da máxima de comportamento nela contida e, como isso, a põe em questão como pauta orientativa no contato social.[117] Isso significa que a desautorização da vigência da norma se determina desde o ponto de vista do ordenamento mesmo, e está, portanto, em função do conteúdo que se atribua a suas normas, que pode ser determinado de um modo mais ou menos objetivo ou subjetivo.[118]

Nesta alternativa, a reformulação do princípio do fato, no sentido antes indicado, supôs um giro objetivista na obra de Jakobs que perdura, no essencial, em suas obras posteriores. "Não há, certamente, mais remédio que interpretar uma conduta perturbadora a partir, também, de seu contexto subjetivo, mas [...] no Direito Penal de um Estado de liberdades – assim condensa Jakobs seu pensamento a respeito –, não se trata do controle dos aspetos internos, com inclusão dos motivos, senão do controle do aspecto externo. *A pergunta acerca do interno só está permitida para interpretação daqueles fenômenos externos que já são, em qualquer caso, perturbadores.* De acordo com isso, para que uma conduta possa ser punível, tem que ser entendida como uma perturbação independentemente de sua parte subjetiva e, de um modo mais geral [...] (folha 10), desvinculada, também, da conduta do autor em seu âmbito privado".[119]

Certamente algumas consequências, inicialmente extraídas deste radical impulso de objetivação, ficaram logo

---

[117] Cfr, neste sentido K.-H. VEHLIG, *Abgrenzung* (como na nota 9), p. 60 e 105; e, já entes, G. STRATENWERTH, *Strafrecht. Allgemeiner Teil*, 3ª ed., 1981, n.m. 658; e G. JAKOBS, AT² (como na nota 3), 25/20.

[118] Sobre a viabilidade de distintas orientações, mais ou menos objetivas ou subjetivas, a respeito, vid. G. JAKOBS, AT² (como na nota 3), 6/24, com nota 67 b, em referência a Lippold.

[119] G. JAKOBS, ZStW, 97 (1985) (= nota 10), p. 761.

no caminho,[120] mas a crítica do subjetivismo no Direito Penal se manteve, e é frutífera para um entendimento do injusto que difere substancialmente, por exemplo, do defendido pela chamada Escola de Bonn.

Isso se torna claro no âmbito da *tentativa*, da qual se ocupou amplamente Jakobs em sua contribuição aos Estudos em memória de Armin Kaufmann, precisamente em aberta oposição à fundamentação exclusivamente subjetiva oferecida por este. Como atinadamente assinala Jakobs, a concepção de Armin Kaufmann se constrói sobre a base de que o único decisivo é a perspectiva do autor, mas com isso se deixa de considerar que o fato significa para a vítima e para os demais cidadãos: o injusto não é, portanto, necessariamente um fenômeno socialmente relevante, senão que se converte num acontecimento íntimo, em algo que pode ter lugar na relação interna entre o autor e a norma. A isso contrapõe Jakobs outra concepção, na qual o injusto, também o da tentativa, se centra na superação do risco permitido e na perturbação social que isso produz: uma perturbação que será "objetivamente compreensível" por qualquer sujeito racional, "comunicativamente relevante".[121] Conceito este que se assemelha muito ao do "intersubjetivo" que com análogo propósito cunhou Mir Puig.[122]

A interpretação que aqui se mantém, da posição de Jakobs, como uma importante aproximação a uma fundamentação mais objetiva e, em qualquer caso, não simplesmente subjetiva do injusto, vem confirmada em uma de suas últimas obras, onde literalmente se afirma: "o Direito Penal reage frente a uma perturbação social" que "não

---

[120] Assim, logo não se manteve a parcial reabilitação da velha teoria da falta de tipo produzida em G. JAKOBS, ZStW, (1985) (=nota 10), p. 764
[121] Vid. G. JAKOBS, GS Armin Kaufmann , p. 273 e ss., 279 (=*Representación del autor e imputación objetiva* [nota 6]) Vid., também, agora, idem, AT² (como na nota 3), 25/1 a e ss., 25/15 *in fine* e 25/21 e ss. (especialmente 23, com nota 33). Cfr., também K.-H. VEHLIG, *Abgrenzung* (como na nota 9), p. 24 e ss., 135 e ss.; e C. SUÁREZ GONZÁLEZ/M. CANCIO MELIÁ (como na nota 60), p. 85 e s.
[122] Cfr. S. MIR PUIG, "Sobre lo objetivo y lo subjetivo en el injusto", agora em: idem, *El derecho penal en el Estado social y democrático de derecho* (como na nota 23), p. 183.

pode [...] dissolver-se de modo adequado nos conceitos de um sujeito isolado, de suas faculdades e de uma norma imaginada em termos imperativistas (como corresponderia especialmente com o programa de Armin Kaufmann). Pelo contrário, deve-se partir dos correspondentes conceitos sociais: dos conceitos de sujeito mediado pelo social, isto é, da pessoa, do âmbito de cometido adstrito, isto é, da função, e da norma enquanto expectativa social institucionalizada".[123] Esta orientação da obra de Jakobs em direção ao estabelecimento de parâmetros "objetivos" ou "intersubjetivos", de ajuizamento da conduta, se confirma, especialmente, no desenvolvimento e na importância central que nele alcançou a doutrina da imputação objetiva, a que logo nos referiremos,[124] e também em múltiplas soluções a problemas dogmáticos concretos. Em qualquer caso, pode ter ficado suficientemente demonstrada a opinião de que não estão justificados os receios que, entretanto, suscitou.

1.9. Fundamentação subjetiva ou predominantemente objetiva do injusto?

Entre as reações críticas que suscitaram as contribuições de Jakobs na doutrina jurídico-penal, deve-se fazer alusão no contexto do que agora vem discutindo-se também no recente trabalho monográfico de Sancinetti.[125] Do estudo de Sancinetti deve-se destacar, de início, que em certo modo leva a cabo uma aproximação de ordem inversa as que foram referidas até o momento: se estas centram

---

[123] G. JAKOBS, 107 (1995) (como na nota 12), p. 859.
[124] Vid., no sentido do texto C. SUÁREZ GONZÁLEZ/M. CANCIO MELIÁ (como na nota 60), p. 79.
[125] M. A. SANCINETTI, *Fundamentación subjetiva del ilícito y desistimiento de la tentativa*. Desta vez, uma investigação sobre a fundamentação do ilícito em Jakobs, 1995 (=*subjective Unrechtsbegründung und Rücktritt vom Versush. Zugleish eine Untershunung der Unrechtslehre von Günter Jakobs, 1995*) trabalho de que se pode dizer que contém o estudo monográfico mais amplo até o momento dedicado à obra de Jakobs e a respeito do qual deve-se destacar a análise efetuada – com uma postura muito crítica – das propostas do autor afortunadamente move-se a todo momento no plano da discussão dogmática.

suas críticas em rebater os postulados básicos, de partida, no pensamento de Jakobs, Sancinetti pretende demonstrar que existe uma determinada orientação geral na obra de Jakobs sobre a base de uma análise de certas formulações dogmáticas concretas. Sancinetti empreende esta análise partindo de uma posição vinculada ao setor do finalismo dominado por um entendimento subjetivista da teoria das normas,[126] centrando-se, fundamentalmente, nas contribuições de Jakobs em matéria de tentativa e desistência, mas com uma induvidável projeção sobre o significado do conjunto da teoria desenvolvida por Jakobs.

Sintetizando ao máximo o prolixo estudo de Sancinetti – em cujos detalhes, como é natural, aqui não se pode entrar – os elementos essenciais de sua análise poderiam resumir-se do seguinte modo: sobretudo na relação com à postura de Jakobs em matéria de desistência na tentativa,[127] que talvez pode resumir-se na ideia de que a desistência que só por causalidade tem êxito não deve exonerar, Sancinetti identifica a noção de "perda de controle" do autor sobre um curso lesivo como elemento essencial na concepção do injusto desenvolvido por Jakobs.

Para Sancinetti, isto – junto a outras soluções pontuais de Jakobs[128] – unicamente pode se entender como expressão de um ponto de partida subjetivista implícito, segundo o qual, e de acordo com os postulados de que parte Sancinetti, o injusto se esgota na tentativa acabada.[129] Na opinião de Sancinetti se impõe, pois, a surpreendente conclusão de que sob a pele do feroz lobo funcional-objetivista de Jakobs se oculta, na realidade, um terno – mas

---

[126] Fr. M. A. SANCINETTI, *Teoría del delito y disvalor de acción* (como na nota 85); idem, *Fundamentación subjetiva del ilícito...* (como na nota 125), p. XII, 288 e ss.

[127] Vid. M. A. SANCINETTI, *Fundamentación subjetiva del ilícito* (como na nota 126), p. 68, nota 2, p. 104 ess., 262 e ss.; enquanto à posição de JAKOBS, *"Rücktritt als Tatänderung versus allgemeines Nachtatverhalten"*, ZStW, 104 (1992), p. 82 e ss. (=*El desistimiento como modificación del hec*ho [tradução de Enrique Peñaranda ramos], em G. JAKOBS, *Estudios de Derecho penal* [como na nota 6], p. 325 e ss.)..

[128] Vid., por exemplo, a respeito do começo das tentativa, M. A. SANCINETTI, *Fundamentación subjetiva del ilícito...* (como na nota 125), p. 57 e ss., 61.

[129] Vid. M. A. SANCINETTI, *Fundamentación subjetiva del ilícito...* (como na nota 125), p. 63 e ss., 68 e ss., essecialmente 72 e ss.

bem desgarrado – cordeiro final-subjetivista: "[...] Se se analisa com maior profundeza da teoria da imputação objetiva de Jakobs de modo crítico, deixando-se impressionar menos pela ressonância dos lemas, que pela solução dos problemas fundamentais, se chegará a conclusão [...] de que a nova escola de Bonn (a de Jakobs) oferece o mais sólido material para a confirmação das tomadas de posição da velha escola" (i.e., a de Armin Kaufmann e seus discípulos).[130] Neste sentido, para Sancinetti, especialmente a incorporação do resultado do injusto no pensamento de Jakobs é, na realidade, incoerente com as "verdadeiras" bases que sustentam a teoria por ele desenvolvida.[131]

Além do acerto ou não da interpretação de Sancinetti de determinados aspectos pontuais no sistema desenvolvido por Jakobs,[132] pode-se dizer que a tentativa de recondução da concepção de Jakobs ao reduto subjetivista, resulta falido. Tomando como ponto de partida a não muito fundada convicção de que o *prius* teórico por ele eleito, a compreensão subjetivista-imperativista da norma, é a única aproximação teórica correta Sancinetti se lança à caça de soluções concretas na construção dogmática de Jakobs que coincidam com as defendidas pela concepção monista subjetiva, ou que, a seu juízo, resultam coerentes com ela. Para isso, pretende, abertamente, ser possível deixar de lado as questões básicas da definição do sistema dogmático proposto. "A esse respeito, a investigação não

---

[130] Vid. M. A. SANCINETTI, *Fundamentación subjetiva del ilícito...* (como na nota 126), p. 4.

[131] Vid. por exemplo, *Fundamentación subjetiva del ilícito...* (como na nota 125), p. 154: "ingrediente naturalista".

[132] Merece ser destacado, neste contexto, especialmente, que SANCINETTI (Vid. *Fundamentación subjetiva del ilícito...* [como na nota 125], p. 31 e ss., 40 e ss.), outorga uma importância desproporcional a certas opiniões sobre a teoria da tentativa vertidas por Jakobs em outro contexto (relativo à legitimidade da antecipação das barreiras de punição, Vid. JAKOBS, *"Kriminalisierung im Vorfeld einer Rechtsgutsverletzung"*, ZStW, 97 [1985], p. 751 e ss. [= *Criminalización en el estadio previo a la lesión de un bien jurídico*; em G. JAKOBS, *Estudios de Derecho penal*, p. 293 e ss.]), excessivamente "objetivistas", ou ao menos muito pouco matizadas, e das que seu autor já havia retratado. (crf. JAKOBS, *Tätervorstellung und objective Zurechnung*, G. S. ARMIN KAUFMANN, p. 282, nota 25 [= Representación del autor e imputación objetiva (nota 9) em G. JAKOBS, *Estudios de Derecho penal* (como na nota 6)] e idem no prólogo desta obra, p. 7 e s.).

pretende partir de uma análise profunda das 'altas categorias', da justificação material da pena segundo a teoria 'da prevenção geral positiva' do princípio da culpabilidade, entendido desde um ponto de vista orientado à 'teoria dos sistemas', da interpretação das relações sociais como sequência de 'mensagem e resposta', ou da determinação do conceito do 'comunicativamente relevante'. As pretensões são mais modestas".[133] Já este ponto de partida indica que o propósito de Sancinetti não pode chegar a bom porto. Quer demonstrar Sancinetti, como se disse, que na contraposição entre um entendimento "subjetivo" do injusto e outro "objetivo", a proposta de Jakobs, na realidade, defende o primeiro,[134] e, para isso – apesar de aludir à "ambivalência" que é própria da distinção entre objetivo e o subjetivo –,[135] parte, em todo seu trabalho, de uma ideia clara de quais são os termos da discussão: "objetivo" é o que acontece no mundo exterior; "subjetivo", os processos psíquicos na mente do autor.[136] Mas, além deste critério de referência não ser utilizado na obra de Jakobs,[137] a validade do método empregado por Sancinetti é mais que duvidosa. É evidente que a construção dogmática de Jakobs contém elementos inequivocadamente objetivos – não esqueçamos que as críticas formuladas as suas colocações, desde o finalismo, se dirigem, precisamente, entre outras coisas, contrárias ao seu objetivismo –, incompatíveis com uma fundamentação subjetivo – monista do injusto. Neste

---

[133] M. A. SANCINETTI, *Fundamentación subjetiva del ilícito...* (como na nota 125), p. 53; Vid. também ibidem, p. 295 e ss.

[134] Vid. somente M. A. SANCINETTI, *Fundamentación subjetiva del ilícito...* (como na nota 126), p. 9 e s., 23 e s.

[135] *Fundamentación subjetiva del ilícito...* (como na nota 125), p. 255, 290, 297.

[136] Idem, por exemplo, p. 14 e ss., 40 e ss.

[137] De fato, o sistema proposto por Jakobs não está baseado, como pretende Sancinetti, simplesmente "na desautorização da norma, proveniente de um defeito de vontade" (*Fundamentación subjetiva del ilícito...* [como na nota 125], p. 40; Vid. também p. 52), senão, que o conteúdo da norma que se define, como se foi assinalando neste estudo, no sentido de expressão geralmente compreensível, com relevância social, e neste sentido, objetiva, realizada por um sujeito a quem se atribui, pelo ordenamento função (Vid. na que se refere a posição de Jakobs, no presente estudo, a respeito do sujeito competente – culpabilidade – infra 1.8, a respeito da parte externa, imputação objetiva, infra 1.9), de uma desautorização da norma, e não como expressão de um sujeito – sem mais – neste sentido.

sentido, caberia fazer referência a sua posição em matéria de causas de justificação,[138] às suas contribuições em matéria de começo da tentativa no caso de participação,[139] a seu desenvolvimento da teoria da imputação objetiva, além das múltiplas ocasiões em que Jakobs expressou sua reprovação de uma fundamentação subjetiva do injusto.[140] Neste sentido, a existência de alguma coincidência pontual – coisa que, desde logo, que não deve estranhar ao terem ambas aproximações, um objeto de estudo comum –, não autoriza a declarar que, na realidade, a construção analisada, coincide com os postulados de base (corretos). Neste sentido, o fato de que a solução que Jakobs propõe, em matéria de desistência na tentativa, coincida com a que Sancinetti estima adequada para uma teoria subjetiva do injusto não diz nada sobre o caráter objetivista ou subjetivista do sistema de Jakobs. Pois, também, desde os postulados deste, a solução resulta perfeitamente harmônica: sua proposta para a desistência pode entender-se como consequência da teoria da imputação objetiva: deve-se excluir o fortuito do âmbito da imputação de delitos; também deverá excluir-se do âmbito da imputação, a título de mérito que é a desistência da tentativa.

Frente a isso tudo, a aproximação de Sancinetti tem que parecer arbitrária. Este caráter arbitrário deriva em uma última instância do fato de que Sancinetti utiliza uma definição fragmentária para realizar sua análise.

Pode servir como paradigma desta decisão metodológica, a afirmação de Sancinetti,[141] ao justificar porque não se ocupa da teoria da imputação objetiva no marco de seu estudo: em sua opinião, isso não é necessário, já que esta tão só delimita a matéria de proibição enquanto que é o dolo – que deve referir-se a essa matéria – o elemento decisivo de fundamentação do injusto. Pois bem, isto

---

[138] Vid. G. JAKOBS, AT² (como na nota 3), 11/7 e ss., especialmente 11/9.
[139] Vid. Idem (como na nota 3), 21/6.
[140] De modo mais decidido talvez em G. JAKOBS, *Tätervorstellung und objective Zurechnung*, G. S. Armin Kaufmann, p. 273 e ss. (= *Representación del autor e imputación objetiva* [nota 9] em G. JAKOBS, *Estudios de Derecho penal* [nota 6]).
[141] Vid. *Fundamentación subjetiva del ilícito...* (como na nota 125), p. 290 e s.

pode ser assim para Sancinetti, mas não desde logo, para a concepção de Jakobs. Pois, para Jakobs – e para muitos outros –, a imputação objetiva não só delimita a matéria de proibição, como uma espécie de limite externo derivado da teoria das normas, senão que – de acordo com uma concepção que reconhece a missão social da construção dogmática e, conseguinte, da "norma" – contribui para a constituição do injusto, já que não pode haver tipicidade sem relevância objetivo-social da conduta.[142] Nesta última instância, isto demonstra que não pode ter êxito a pretensão de analisar um sistema cujo objetivo declarado é o de criar uma concepção de grande densidade teleológica,[143] precisamente deixando fora de consideração esse *telos*.

---

[142] Vid. Neste sentido infra 1.9.
[143] Vid. o prólogo de JAKOBS, *Estudios de derecho penal* (como na nota 6), p. 7 e ss.

2. A função da culpabilidade num sistema teleológico de Direito Penal

2.1. Culpabilidade e prevenção em Jakobs: um esboço das teses fundamentais

O aspecto mais debatido da construção teórica de Jakobs é, sem dúvida, sua concepção em torno da culpabilidade e, sua relação com a prevenção geral positiva. As teses centrais de sua construção remontam a sua obra de 1976 sobre "culpabilidade e prevenção",[144] e têm sido mantidas, aparentemente, até hoje. Tais teses podem ser resumidas do seguinte modo: a relação entre a culpabilidade e o fim preventivo da pena só pode representar que o próprio fim dê coloração à culpabilidade.[145] Mais concretamente, "a culpabilidade fundamenta-se na prevenção geral [...] e se mede conforme a mencionada prevenção",[146] que se concebe em termos positivos e, ainda, preferentemente, como "exercício na fidelidade até o Direito".[147] Através da culpabilidade se seleciona, dentre todas as condições de fato que produziram uma defraudação de expectativa, somente uma como penalmente relevante. Essa condição consiste num defeito de motivação do autor, que é, por sua vez, desvinculado de suas condições determinantes.

---

[144] G. JAKOBS, *Schuld und Prävention* (como em nota 6) (= *Culpabilidade e prevenção* [nota 6] em: G. JAKOBS, *Estudios de Derecho penal*).
[145] Idem, p. 7.
[146] Idem, p. 9.
[147] Idem, p. 9 ss.

As razões do caráter defeituoso da motivação referem-se exclusivamente ao autor, e somente o fato de expor sua indagação já representaria uma tentativa. A imputação ao autor, ao que se supõe dotado de poder autônomo para cumprir o que a norma exige, é um meio necessário à manutenção da ordem estabelecida em todos aqueles sistemas que não podem conseguir-se uma conformidade total dos indivíduos submetidos às normas, pela coação ou pela convicção.[148] A imputação baseia-se num defeito de motivação porque qualquer outro defeito pode ser processado de outro modo.[149]

O conceito de culpabilidade é um conceito formal, que não pressupõe mais do que a imputação a um sujeito, mas não determina sequer como se constitui o sujeito a quem se imputa: "somente o fim outorga conteúdo à culpabilidade".[150] O núcleo da culpabilidade, determinado pelo fim, consiste numa divisão dos âmbitos de responsabilidade entre (sub)sistemas, ou seja, que o Juízo de Culpabilidade constitua, em cada caso, uma renovada determinação da contribuição que cada um deles tem que prestar para a manutenção da ordem.[151] O fim que orienta a determinação da culpabilidade é sempre a estabilização da confiança na ordem perturbada pela conduta plenamente delitiva e, por isso, só ocorre uma conduta plenamente delitiva, culpável, quando, para o processamento da perturbação, se presume a capacidade do autor para evitá-la, e se confirma a correção da confiança na norma. O poder autônomo, a capacidade de evitar, não é objeto de um processamento prévio, mas a forma na qual se descreve o resultado do manejo de um instrumental de caráter normativo ou psicológico-social, mas em todo caso, não preferentemente psicológico individual.[152] O limite que estabelece a culpabilidade para a pena não decorre, portanto, em torno do

---

[148] Idem, p. 13.
[149] Idem, p. 13 e ss.
[150] Idem, p. 14.
[151] Idem, p. 29.
[152] Idem, p. 32.

que o delinquente "mereceu", segundo a opinião geral, senão em torno do necessário à manutenção da confiança.¹⁵³ "Só se existe a possibilidade de processar o conflito de outro modo se planeja uma exclusão de culpabilidade".¹⁵⁴ Esse processamento alternativo à culpabilidade e à pena ocorre, acima de tudo, mediante uma explicação da origem do conflito por circunstâncias segundo as quais é possível supor que não estavam à disposição do autor.¹⁵⁵

2.2. Algumas críticas contra o conceito funcional de culpabilidade

Até aqui, a tese, em suas formulações naturais, tal e qual, sem muitas variações, costumam ser reproduzidas como prolegômeno a uma crítica aguda, na qual se reprova, acima de tudo, a supressão do princípio da culpabilidade como limite às necessidades de prevenção, à falta de referência à dignidade da pessoa e sua instrumentalização, portanto, para fins alheios, que conduziria, na conhecida expressão de Kant, à submissão do sujeito ao regime dos direitos reais.¹⁵⁶ Também, é frequente que a crítica se dirija contra a falta de precisão e manipulabilidade dos parâmetros estabelecidos por Jakobs (necessidade de estabilização da confiança na norma, possibilidade de processamento do conflito), que se consideram consequências da absoluta normatização de um conceito de culpabilidade

---

¹⁵³ Idem, p. 33.
¹⁵⁴ Idem, p. 25.
¹⁵⁵ Idem, p. 33.
¹⁵⁶ Nesse sentido especialmente C. ROXIN, CPC, 30 (1986), p. 680 e ss.; idem, SchwZStr, 104 (1987), p. 365 e ss.; e idem, ATI² (como em nota 77), 19/32 e ss. Vide, também, entre outros ARTHUR KAUFMANN, *Das Schuldprinzip*, 2ª ed., 1976, p. 118; B. BURKHARDT, GA, 1976, p. 336 e ss.; H. OTTO, GA, 1981, p. 490 e s. K. L. KUNZ, "Prävention und gerechte Zurechnung". ZStW. 98 (1986, p. 827 s.; G. KÜPPER (como na nota 4), p. 158; B. SCHÜNEMANN (como na nota 50), p. 160 e ss.; e S. STUBINGER, 1993, p. 44 e ss. Na doutrina espanhola cfr nesta mesma direção F. MUÑOZ CONDE, GA, 1978, p. 71, com nota 47; M. PÉREZ MANZANO, *Culpabilidad y Prevención* (como na nota 23), p. 255 e s.; M. SILVA SÁNCHEZ, *Aproximación...* (como na nota 34), p. 235 e s.; J. CEREZO MIR, ZStW, 108 (1996), p. 13 e ss.

carente de toda relação com qualquer suporte real; isso terminaria produzindo uma "falácia normativista", que seria categoricamente idêntica à "falácia naturalista".[157] Uma análise minimamente detalhada das questões implicadas no conceito funcional de culpabilidade de Jakobs e nas críticas que tem surgido, fugiriam ao objeto deste estudo. Limitaremo-nos por sinalizar que a exposição, que usualmente se efetua de dito conceito, somente capta, de um modo muito parcial seu conteúdo e, em particular, não leva em conta os progressos que têm experimentado nas formulações mais recentes.

2.3. O conceito funcional da culpabilidade no marco da crise contemporânea da culpabilidade

Inicialmente, convém dizer que, da exposição de Jakobs não está, de modo algum ausente a preocupação porque uma fundamentação preventiva da pena e do Direito Penal possa conduzir a uma instrumentalização daquele a quem se aplica, e ao seu tratamento como simples objeto para obtenção de fins a ele transcendentes. Já em seu Tratado, admite abertamente, que sua própria concepção não está isenta, desde logo, deste risco, mas adverte que poderia defendê-la de tal objeção em dois planos diferentes. Por um lado, em atenção a que nenhuma doutrina da pena, nem sequer a das teorias absolutas, pode-se distanciar completamente de referido risco, nem afasta, sem mais, o problema de legitimação da pena, até que se constate que o delito pelo qual a pena se impõe, está, por sua vez, legitimamente definido. Por outro lado, na medida em que, na concepção de Jakobs, a imposição da pena pressupõe o *reconhecimento* do sujeito que tem que cum-

---

[157] Assim, já A. BARATA, CPC, 24 (1984), p. 541 e s.; e, especialmente, B. SCHÜNEMANN, GA, 1986, p. 294 e ss.; idem (como na nota 50) p. 167 e ss. e 170 e ss; idem, *Chengchi Law Review*, 50 (1994); p. 266 ; e idem, GA, 1995, p. 220 e ss., vide também G. KÜPPER (como na nota 4), p. 160 e ss.; S. STÜBINGER, K. J., 1993, p. 47; e H.-J. HIRSCH, ZStW, 106 (1994), 753.

pri-la, como qualquer um.¹⁵⁸ As duas orientações têm sido desenvolvidas, substancialmente, em suas mais recentes contribuições sobre a culpabilidade. Mas, é a segunda, a que relaciona o princípio de culpabilidade com o da igualdade, a que oferece uma base mais interessante para uma fundamentação material da culpabilidade.

Essa relação tem sido também advertida, desde outra perspectiva, por um autor afastado, em princípio, do pensamento de Jakobs, como era Carlos S. Nino. Este autor, sustentando, a título de hipótese, a existência de "uma sociedade em que todos sejam crianças, todos insanos, ou todos estejam submetidos à necessidade de uma ameaça externa, observa que 'seria absurdo e autofrustante que, nesta sociedade, todos os delitos fossem excusáveis e todos os contratos se anulassem por vícios de vontade. Isto sugere que estas excusas somente interessa quando elas referem-se a situações que afetam, *desigualmente* a somente um grupo social', e que 'há alguma relação entre o princípio de dignidade da pessoa (que na concepção de Nino assume a função tradicionalmente atribuído ao princípio de culpabilidade)', e a interpretação igualitária do princípio de inviolabilidade".¹⁵⁹ Uma intuição parecida está na base de toda concepção da culpabilidade de Jakobs, e serve para esclarecer o significado de algumas afirmações deste autor, os quais têm provocado uma forte discussão. Referimo-nos, antes de mais nada, à afirmação de que a culpabilidade só pode ser negada quando com isso não se põe em perigo a estabilização geral das expectativas normativas através da pena.

Esta afirmação tende a ser compreendida, como vimos, no sentido de que com ela se abriria o caminho a uma completa funcionalização ou instrumentalização do indivíduo à serviço dos interesses sociais. Entretanto, esta interpretação – que tem sido favorecida, como logo vere-

---

¹⁵⁸ Vid. G. JAKOBS, AT² (como na nota 3) 1/20 e 17/48. Vid., *Schuld und Prävention* (como na nota 6), p. 17 (=Culpabilidade e prevenção [nota 6] em: G. JAKOBS, *Estudios de Derecho penal*). Vide, relacionado a ele, K.-L. KUNS, ZStW, 98 (1986), p. 834, nota 34 .
¹⁵⁹ C. S. NINO, DP, 1989, p. 48.

mos, pelo próprio Jakobs em sua conhecida e muito criticada posição sobre os pressupostos para a exculpação dos delinquentes impulsivos – não considera que o importante é a já mencionada relação entre culpabilidade e igualdade, e nenhuma argumentação estratégica tendente a impor uma sanção penal por um sentimento, fundado de qualquer modo, acerca de sua necessidade ou utilidade social. O ponto de vista de Jakobs[160] difere substancialmente disto. A necessidade do recurso à pena deriva de uma debilidade congênita das normas jurídicas, correspondentes a um ordenamento não absoluto, mas sim caracterizado pelo pluralismo: sua contingência, isto é, a inexistência de um motivo internamente vinculante para sua observância a cada indivíduo. Por isso, cabe a este buscar as razões determinantes para ajustar o comportamento às exigências do Direito e que o descumprimento de tal atribuição acarreta, em condições normais, o pronunciamento de culpabilidade e a imposição de uma pena. Essas condições de normalidade faltam a quem não pode conhecer a lei, e nessa medida, não é culpável. Por outro lado, se parte do princípio que, quem pode atingir o conhecimento do que é legalmente exigido, também pode, em princípio, respeitar esta exigência. Particularmente, salienta Jakobs, "todo ordenamento pode ter a pretensão que os seres humanos capazes de se motivar se motivem de forma dominante até a consideração da ordem".[161] As únicas exceções toleráveis, porque não perturbam a eficácia geral do Direito, são aquelas em que o autor não pode ser considerado como um igual, ou se encontra numa situação especial: casos, pois, nos quais a desigualdade é visível, em atenção à constituição psíquica do sujeito, como nas crianças, nos alienados, ou em outras circunstâncias "nas quais não se pode exigir

---

[160] Vid., para o que segue, antes tudo, G. JAKOBS. *Das schudprinzip*, 1993, p. 23 ss. e 30 e s. (=*El princípio de culpabilidade* [tradução de Manuel Mancio Meliá], em: G. JAKOBS, *Estudios de Derecho penal* [como na nota 6], p. 365 e ss. [= RPCP 2 (1993) p. 503 e ss.])

[161] Idem, p. 26.

do cidadão que respeite a norma ou, ao menos, não se possa atribuir esta exigência de maneira absoluta".[162]

A formulação que se acaba de expor se encontra plenamente integrada nas orientações gerais que atualmente se manifestam em matéria de culpabilidade, como, muito certeiramente, as que descreveu Torío: "a presente situação pode ser – como disse o autor – duplamente caracterizada. Por um lado aparece intensificada a exigência de elementos, posteriores a ação antijurídica, que evidenciem a relação pessoal ou subjetiva entre o sujeito e a ação. Isto acentua progressivamente as garantias pessoais frente ao *ius puniendi* estatal. Neste sentido se tem insistido, especialmente, na caracterização da culpabilidade como limite de pena [...] Mas, por outro lado, sublinha que desta discussão emerge uma profunda crise do princípio da culpabilidade. Esta crise não se refere a seus eventuais elementos constitutivos, e sim ao próprio fundamento do princípio. A teoria retributiva, como indica Hart, experimentou um profundo abalo no pensamento penal de hoje. Na literatura alemã, cedeu espaço à teoria geral da culpabilidade, onde se afirma que a possibilidade de estabelecer que um homem, numa situação concreta, pode atuar de outro modo, é cientificamente indemonstrável. Segundo esta orientação, admite-se que outro sujeito, ou o homem médio, teria respondido à expectativa dimanante da norma jurídica. A culpabilidade deixa de ser, assim, uma realidade subjetiva, pessoal ou individual para transformar-se num elemento unilateralmente impessoal do delito. É indiscutível – conclui Tório –, que a chamada teoria geral da culpabilidade respeite a função que o princípio de culpabilidade trata de desempenhar no conceito do delito".[163] Estas considerações de Torío, e outras mais recentes "indicações metódicas sobre o conceito material de culpabilidade", devidas ao mesmo autor, onde se percebe também as orientações preventivas da teoria da culpabilidade, desenvolvidas sob a impressão do argumento da indemonstrabilidade do

---
[162] Idem, p. 30 e ss.
[163] TORÍO LÓPEZ, ADPCP, 1985, p. 286.

livre-arbítrio,[164] expressam com grande exatidão o marco em que hoje se desenvolve a discussão sobre culpabilidade. A relativização do referido conceito, e sua conexão com referências preventivas, caracteriza, não só a posição de Jakobs, mas, de um modo ou de outro, o pensamento da maioria dos participantes no debate.

Efetivamente, não só autores como Gimbernat, que impugnam o conceito tradicional de culpabilidade, baseiam-se em generalizações, como as de atribuir capacidade de motivação, mediante normas, aos sujeitos "normais" ou "iguais", para evitar "uma diminuição do princípio punitivo e, em consequência, a perda da eficácia do Direito penal",[165] mas que essas generalizações são feitas, também por autores que pretendem manter o princípio da culpabilidade sobre seu pressuposto clássico da liberdade de vontade, mas acabam se curvando ao argumento de sua indemonstrabilidade, ao menos, no caso concreto. Muito significativamente é, nesta direção, a posição de Jescheck, que disto extrai uma dupla presunção: em primeiro lugar, a de que todo ser humano adulto é responsável, salvo que se manifestem nele ou na situação em que se encontra, circunstâncias extraordinárias; e, em segundo lugar, a de que toda pessoa poderia conseguir "a força necessária para vencer a tentação de cometer o fato. Nenhum dos pressupostos – admite Jescheck – repousa em comprovações empíricas sobre o êxito da socialização no caso particular, mas que representam *exigências normativas* que a sociedade dirige ao autor, o qual trata como um cidadão responsável, e não como um menor ou doente. O Direito Penal se fundamenta na decisão *do legislador*, no sentido de admitir que esta espécie de imputação subjetiva é tão necessária quanto justificada num ordenamento jurídico baseado na liberdade".[166]

---

[164] Vid. TORÍO LOPEZ, CPC, 1988, p. 759 e ss.
[165] E. GIMBERNAT ORDEIG, *El sistema del Derecho penal en la actualidad*, agora também, *Estudios de derecho penal*, 3ª ed., 1990, p. 176.
[166] Vid. H.-H. JESCHECK, *Tratado de Derecho Penal, Parte General*, vol. I (tradução e adições do Direito espanhol de S. Mir Puig e F. Muñoz Conde), 1981, p. 564 e ss.

2.4. Culpabilidade e "comunicação pessoal": uma síntese entre as finalidades preventivas e uma fundamentação não instrumental da responsabilidade penal

Todavia, não basta demonstrar as semelhanças ou coincidências da posição de Jakobs com muitas outras concepções atuais,[167] caracterizadas, também, pela "relativização político-valorativa" do conceito de culpabilidade e pela consciência do que não é acertado "uma colocação que pretenda apreender a essência da culpabilidade desde seu prisma ontológico-objetivo".[168] Tampouco é suficiente chamar a atenção sobre um fato, muito significativo, desde logo, de que Roxin, um dos autores que mais se destacou na crítica de Jakobs, termine por afirmar que seu próprio conceito de culpabilidade se apoia numa justificativa social da pena e se assemelha, portanto, à concepção de alguns partidários da tese da culpabilidade pelo caráter e à do próprio Jakobs, ainda que, por seu caráter misto, empírico-normativo, preservaria melhor que estas a função liberal de garantia, tradicionalmente vinculada ao princípio de culpabilidade.[169] Ademais do já exposto, é preciso acentuar que o desenvolvimento recente da concepção de Jakobs tende a esclarecer, de modo definitivo, as dúvidas existentes acerca de sua compatibilidade, precisamente, com a referida função de garantia.

---

[167] Vide também nesse sentido M. PÉREZ MANZANO, *Culpabilidad y Prevención*... (como na nota 23), p. 178.

[168] Assim, S. MIR PUIG, *Función dela pena y teoría del delito en el Estado social y democrático de derecho*, agora também, *El derecho penal* (como na nota 23), p. 79 e ss., com referência a seu próprio ponto de vista, que atendep em lugar dissop à motivação normal e com isso à comparação do autor com as exigências dirigidas ao homem adulto normal em condições também normais de motivação e, definitivamente, ao princípio da igualdade real diante a lei. Ademais, Mir admite, no sentido da relativização salientada, e com algumas considerações de Jakobs, que a existência de medidas de segurança que interrompem a possível periculosidade dos inimputáveis, teria permitido estender as fronteiras das causas de exclusão de culpabilidade. Nesse sentido também, J. M. SILVA SÁNCHEZ, *Aproximación*... (como em nota 34), p. 295.

[169] Vid. C. ROXIN, AT² (como na nota 77), 19/41.

Em sua obra sobre o princípio da culpabilidade, Jakobs oferece uma visão da culpabilidade na qual se tornam explícitos alguns componentes materiais de seu conceito, até agora não suficientemente destacados.[170] Jakobs adverte, na mesma linha do exposto em relação à função social do Direito penal, que a culpabilidade, no sentido formal, não tem mais valor que a da ordem que se pretende estabilizar e que, uma culpabilidade material, pressupõe a existência de normas legítimas. Mas salienta ao mesmo tempo que, com relativa independência disso, podem existir diferentes versões da culpabilidade, segundo se conceba o Direito e a função da pena no mesmo. Numa orientação da pena em sentido puramente dissuasório, educativo ou assegurativo, a culpabilidade conserva um caráter meramente formal e implica, frente ao autor atual ou potencial, seu submetimento ao mesmo tratamento que se dispensa na conhecida expressão de Hegel, ao cachorro ao qual se levanta o pau: "A reação que se produz contra um sistema psicofísico, mas não contra uma pessoa". Diferente é o caso quando se assume que "uma ordem é um ordenamento jurídico" só para aqueles "que ocupam dentro dele uma posição como pessoas". Um ordenamento semelhante não pode tratar ao autor como se fosse um cão, é sim que deve dar-lhe um tratamento correspondente a sua condição de pessoa. Tal conclusão é por demais coerente, como ressalta Jakobs, com a consideração que tem o fato em si mesmo, frente ao qual reage com a pena: o delito não é um processo impessoal, como seria uma mordida de um cachorro, mas uma perturbação produzida precisamente por uma pessoa, que por isso tem o significado comunicativo de constituir um esboço da realidade, a afirmação de que a vida social poderia organizar-se de um modo correspondente ao comportamento realizado. E a coerência é completa com uma concepção da pena que se move, como acontece com a prevenção geral positiva no entendimento atual de Jakobs e nesse mesmo plano comunicativo, enquanto contradição daquele "esboço de realidade".

---

[170] Vid. G. JAKOBS, *Das Schuldprinzip*, p. 26 e ss. (= *El princípio de Culpabilidad* [nota 163]; em: G. JAKOBS, *Estudios de Derecho penal* [nota 6]).

Tem plena justificação, pois, sua observação de que, "no modelo de fato e pena" por ele enunciado, "ao autor corresponde apenas uma pena enquanto é uma pessoa igual aos demais", especialmente no que se refere "à capacidade para se manifestar sobre a configuração correta do mundo social", pois se faltasse esta capacidade, "no lugar de pena haveria tratamento".

As conclusões assim obtidas têm sido aprofundadas por Jakobs muito recentemente através da contraposição entre comunicação instrumental e comunicação pessoal. Na primeira o outro não é mais que o objeto de um cálculo estratégico a serviço de uma determinada finalidade e recebe, portanto, um tratamento similar ao que se dá a uma máquina. Na comunicação pessoal, por outro lado, o outro é reconhecido como um igual, como alguém que se pode efetuar uma expressão de sentido com pretensão de validade geral.[171] A importância da distinção e da derivação, a partir do conceito de comunicação pessoal da modalidade da resposta penal num Direito penal de culpabilidade, aparece nas agudas análises de Burkhardt, para quem, a característica e a censurabilidade de todas as teorias puramente preventivas da culpabilidade consiste na consideração do indivíduo a quem se atribui a responsabilidade penal, como objeto de um cálculo estratégico (equivalente à comunicação instrumental mencionada), contrária a uma "atitude dialógica" ou "participativa" com o sujeito a quem a pena se dirige, correspondente ao seu reconhecimento como pessoa[172] (no sentido da comunicação pessoal). Sendo isso exato, a concepção de culpabilidade de Jakobs escapa do âmbito dessas noções puramente preventivas, e talvez também da reprovabilidade de que são incapazes de estabelecer limites às exigências da prevenção, precisamente porque se formulam a partir dessas exigências, encontrando-se, assim, a possibilidade de escapar

---

[171] Vid. G. JAKOBS, ZStW, 107 (19950 (como na nota 12), p. 867 e ss.

[172] Vid. B. BURKARDT, *Charaktermängel und Charaktershuld*, em K. LÜDERSSEN e F. SACK (esd), *Vom Nutzen und Natchteil der Sozialwissenschaflen für des Strafrecht*, t. I, 1980, p. 106 e 118 ss. Vide, também, neste sentido, K.-L. LUNZ, ZStW, 98 (1986), p. 833, e U. KINDHÄUSER, *Rechtstreue als Schulkategorie*, p. 711 e ss.

ao dilema aparente entre a impossibilidade de formular o conceito de culpabilidade sem referência à função social da pena, e a necessidade de que a culpabilidade constitua um princípio de responsabilidade que vá mais além do puro interesse utilitário na manutenção da ordem e, de algum modo, o limite.[173]

O próprio Jakobs admite que sua revisão, num sentido funcional, dos princípios e conceitos fundamentais do Direito penal, conserva em sua insistência na noção de pessoa e de comunicação pessoal, numerosos elementos pertencentes à tradição europeia.[174] Possivelmente, a evolução de seu pensamento, em matéria de culpabilidade aponte também na direção de uma síntese no sentido desejado por Silva Sánchez: uma síntese, neste caso, entre as finalidades preventivas e garantistas, vinculadas, estas últimas, à consideração do *status* do autor como pessoa ou como cidadão.[175] Não faltam no conjunto da sua obra, indícios para uma construção da culpabilidade como aquela categoria na qual se condensam os critérios de distribuição dos custos de determinados conflitos sociais.[176]

2.5. Ontologia e normatividade na construção da culpabilidade

Para concluir, não podemos deixar passar a constatação de que a reação adversa que a concepção de Jakobs sobre a culpabilidade tem encontrado, explica-se, em parte, pela própria radicalidade com que tem exposto suas teses. Muitas vezes, de um modo explicitamente provocativo, a pesar de reconhecer a concordância geral

---

[173] Vid. K.-L. KUNZ, ZStW, 98 (1986), p. 833 e ss.
[174] Vid. G. JAKOBS, ZStW, 107 (1995) (como na nota 12), p. 868.
[175] Vid. J. M. SILVA SÁNCHEZ, *Aproximación*... (como na nota 34), p. 262 e ss. e 294 e ss.
[176] Vide, nesse sentido, G. JAKOBS, *Schuld und Prävention* (como na nota 6), p. 29 (= *Culpabilidad y prevención* [nota 6], em: G. JAKOBS, *Estudios de Derecho penal*); e AT² (como na nota 3), 17/21.

nos mesmos resultados obtidos pela doutrina dominante. Mas, em alguma ocasião as críticas atingem aspectos onde se podia divergir de forma considerável. A título de exemplo, mencionaremos o já aludido problema da exculpação dos delinquentes impulsivos onde, a nosso ver, Jakobs não foi coerente com suas próprias proposições de fundo. Em sua opinião a referida exculpação só pode ser objeto de discussão uma vez que a medicina conseguir oferecer remédio para seu tratamento.[177] Esta explicação, e as reiteradas alusões de que a exculpação somente pode deduzir-se quando existem outras possibilidade de processamento do conflito, ou quando a sociedade pode assimilar a conduta sem reagir formalmente contra ela tem, produzido a impressão de que a culpabilidade consistiria numa atribuição exclusivamente orientada à maximização da prevenção mediante a estabilização das normas. Além disso, a própria vinculação da solução relativa aos autores impulsivos à possibilidade *fática* de um tratamento, resulta manifestamente contraditória com a orientação antiontologicista de Jakobs, do mesmo modo que representa um corpo estranho em seu sistema, que a necessidade de uma resposta preventiva-geral fique absolutamente condicionada pela possível eficácia de uma resposta preventiva-especial. Neste sentido, resulta compreensível a estranheza manifestada por Stratenwerth[178] ao valorar a afirmação de Jakobs de que neste caso "a exculpação deveria limitar-se aos tipos de autores que, em princípio, eram suscetíveis ao tratamento", e sua indicação de que, além de pena e de tratamento, poderia haver outras soluções alternativas. É também interessante destacar que a uma dessas "estratégias alternativas" mencionadas por Stratenwerth (a de não conceber o comportamento contrário à norma como uma defraudação de uma expectativa *normativa,* se não é produzido por uma decisão pessoal contra o Direito, elevando, assim, a regra geral, de que a validade de uma

---

[177] Vid. G. JAKOBS, *Schuld und Prävention* (como na nota 6), p. 11 e ss.

[178] Vid., G. STRATENWERTH, *El futuro del principio jurídico penal de culpabilidad*, tradução de E. Bacigalupo, com a colaboração de Zugaldía Espinar, 1980, p. 112 e ss.

norma não está em discussão quando o autor carece de capacidade de cumpri-la) somou-se, de uma maneira geral, o próprio Jakobs, ainda que continue sem abdicar de seu ponto de vista anterior sobre os autores impulsivos. Não é por acaso que em seu último pronunciamento sobre o tema apareça um argumento que anteriormente nunca tinha utilizado. A opção em favor da pena quando o tratamento médico não é possível, se fundamenta, agora, em que a definição do conflito como uma simples desgraça estaria excluída, "ao se tratar (por exemplo, o impulso passional) de um móvel muito vinculado ao cotidiano",[179] isto é, de um estado que não afaste decisivamente quem nele se encontra, como de uma imagem de um homem normal em circunstâncias normais.

---

[179] G. JAKOBS, ZStW, 107 (1995) (como na nota 12), p. 851, nota 19.

3. A fundamentação normativa da tipicidade no novo sistema de Direito Penal

3.1. A conduta típica como expressão de um sentido contrário à norma

Como já salientado anteriormente, Jakobs também tem realizado contribuições de grande relevância à teoria do tipo objetivo. Muito especialmente, tem contribuído, com seus trabalhos, na matéria referente "renormatização"[180] produzida no âmbito do tipo objetivo, da teoria da *imputação objetiva*.[181] Esta construção de um edifício da dogmática do tipo objetivo atribuída por Jakobs, não tem encontrado, até o momento, uma repercussão comparável

---

[180] G. JAKOBS, *Der strafrechtliche Handlungsbegriff. Kleine Studie*, Schriften de JuristischenStudiengesellschaft Regensburg, 1992, p. 12 (= *El concepto jurídico penal de acción* [tradução de Manuel Cancio Meliá], em: G. JAKOBS, *Estudios de Derecho penal* [como na nota 6], p. 101 e ss. [= RPCP, 3 (1994), p. 67 e ss.).

[181] Vide, sobre a teoria da imputação objetiva, C. ROXIN, ATI² (como na nota 77), § 11; W. FRISCH, *Tatbestandsmäbiges Verhalten und Zurechnung des Erfolgs*, 1988; M. MARTÍNEZ ESCAMILLA, *La imputación objetiva del resultado*, 1992; G. JAKOBS, *La imputación objetiva, especialmente em el ámbito de las instituiciones jurídicos-penales del "riesgo permitido", la "prohibición de regreso" y el "princípio de confiança"* (tradução de Enrique Peñaranda Ramos), em G. JAKOBS, *Estudios del Derecho penal* (tradução de Manuel Cancio Meliá), Madrid, 1996 (=Bogotá, 1994; Buenos Aires, 1996). Sobre o estado da discussão desta teoria na Alemanha e na Espanha, Vid. J. WOLTER, *Objektive Zurechnungund modernes Strafrechts system. Ein normtheoretischer Beitrag zum "Risikoprinzip" von Claus Roxin und zur "Wesentlichkeit von Kausalabweichungen"*, em ENRIQUE GIMBERNAT/BERND SCHÜNEMANN/JÜRGER WOLTER (ed), *Internationale Dogmatik der objektiven Zurechnung und der Unterlassungsdelikte. Ein spanisch-deutsches Symposium zu Ehren von Claus Roxin*, 1995, e C. SUAREZ GONZÁLEZ/M. CANCIO MELIÁ (como na nota 60), p. 21 a 88.

à polvadeira que foi levantada por seus escritos relacionados com o conceito de culpabilidade, e supõe-se que é precisamente esta polvadeira a que tem ocultado, em certa medida, esta vertente dogmática. Em todo o caso, também neste âmbito, na hora de abordar a construção dogmática, Jakobs não se afasta das conclusões alcançadas na análise geral da missão que, em sua opinião, corresponde ao ordenamento jurídico penal. Por isso, os conteúdos normativos da teoria da imputação objetiva por ele desenvolvida, se encontram vinculados à ideia de que o sistema da teoria do delito deve tomar como ponto de referência a esfera da administração autônoma que corresponde ao cidadão, à pessoa. Nesse sentido, a teoria da imputação objetiva é para Jakobs um primeiro grande mecanismo de determinação de âmbitos de responsabilidade dentro da teoria do delito: "[...] é necessário fixar de modo objetivo o que é que significa um comportamento, se significa uma infração da norma ou algo inócuo. Portanto, há que se desenvolver um padrão conforme ao qual possa mostrar-se o significado vinculante de qualquer comportamento. E se se quer que este padrão estabeleça ordem, este não pode assumir o caos da massa de peculiaridades subjetivas, e sim que se oriente sobre a base de modelos, funções e de estruturas objetivas. Dito de outro modo, os autores e os demais intervenientes, não se julgam como indivíduo com intenções e preferência altamente diversas, senão como aquilo que devem ser desde o ponto de vista do Direito: como pessoas. É entre estas que se determina a quem compete um curso lesivo: a um autor, a um terceiro, ou à vítima [...]".[182]

Portanto, é através da teoria da imputação objetiva que se determina a incidência de uma expressão de sentido típica – recuperando uma terminologia empregada há anos por Welzel, no marco da teoria da adequação social[183] – que deve entender-se em sentido geral, enquanto

---

[182] G. JAKOBS, ZStW, 107 (1995) (como na nota 12), p. 860.

[183] É este um dos âmbitos em que Jakobs tem manifestado, em certas ocasiões, a pretensão de enlaçar a sua dogmática com a obra de seu mestre Welzel, neste caso, resgatando a vertente normativa expressada no primeiro momento por Welzel – antes da subjetivização do finalismo – para a dogmática do tipo me-

expressão de sentido do portador de uma função, como contradição da vigência da norma em questão. Fica claro que esta determinação (geral-abstrata) da violação da norma que se produz no âmbito do tipo, é provisória, pois, como se tem visto, no pensamento de Jakobs, só a afirmação de culpabilidade (como juízo pessoal) faz com que se possa falar verdadeiramente de um ataque à vigência da norma.[184]

Deste modo, a teoria da imputação objetiva de Jakobs, ao coincidir em muitas questões e soluções com a teoria majoritária deste mesmo nome, parte de uma perspectiva bastante diversa, menos centrada nos problemas de imputação de resultados e mais preocupada pela constatação do caráter típico do comportamento.[185] Por outro lado, o fato de que a teoria da imputação objetiva conste no pensamento de Jakobs com uma sólida anclagem na defini-

---

diante a teoria da adequação social (por exemplo, G. JAKOBS, *Handlungsbegriff* [como na nota 180], p. 29 (= *El concepto jurídico-penal de acción* [nota 180], em: G. JAKOBS, *Estudios de Derecho penal* [como na nota 6], afirmando que Welzel realizou os "trabalhos preparatórios" para a moderna teoria da imputação objetiva com a ideia da adequação social). Conforme a doutrina da adequação social, em sua formulação inicial, o acontecer jurídico-penalmente relevante não deve entender-se como causação, mas como 'expressão de sentido", a analisar, segundo Welzel, tanto nos delitos dolosos como nos culposos, no marco do tipo objetivo (H. WELZEL, *Studien zum System des Strafrechts*, ZStW, 58 [1938], p. 491 e ss. [= *Abhandlungen zum Strafecht und zur Rechtsphilosophie*, 1975, p. 120 e ss.], p. 516 e ss., 529 e ss., 557 e ss..; idem, *Der allgemeine Teil des deutschen Strafrechts in seinen Grundzüngen*, 2ª ed., 1943, p. 40 e ss.). Podem ser apreciadas simulidades na linha fundamental de Welzel com a teoria desenvolvida por Jakobs em matéria de imputação objetiva. Sobre a interpretação da teoria de Welzel, desde a perspectiva do desenvolvimento do finalismo e da evolução atual), M. CANCIO MELIÁ, *La teoría de la adecuación social em Welzel*, ADPCP, 1993, p. 697 e ss., 704 e ss., com nota 35; 710 e ss., 728 e ss. (= RPCP, 3 [1994], p. 29 e ss.); idem, *Finale Handdlungslehre und objektive Zurechnung. Dogmengeschichtliche Betrachtungen zur Lehre von der Sozialadäquanz*, GA, 1995, p. 178 e ss., 190 e ss. com nota 78).

[184] Vid. Supra 1.1.1.).

[185] Vid. Sobre isto C. SUÁREZ GONZÁLEZ/M. CANCIO MELIÁ (como na nota 60), p. 50 e ss., 59 e ss. As contribuições de Jakobs neste âmbito dão iniciam sobre tudo com seu estudo sobre a proibição de regresso ("RegreBverbot beim Erfolgsdelikt. Zugleich eine Untersuchung zum gund der strafrechtlichen Haftung für Begehung", ZStW, 89 [1977], p. 1 e ss. [= *La prohibición del regreso em el delito de resultado. Estudio sobre el fundamento de la responsabilidad jurídico-penal em la comisión* (tradução de Manuel Cancio Meliá), em: G. JAKOBS, *Estudios de Derecho penal* (como na nota 6), p. 241 e ss., cuja orientação a que se refere o texto fica claramente delineada.

ção do injusto[186] conduz a que – como se dirá mais adiante – esta teoria opere como uma alteração revolucionária de alguns problemas gerais da teoria do tipo, como um fator de harmonização.

3.2. Imputação objetiva de comportamentos e imputação objetiva de resultados

Concretamente, a teoria da imputação objetiva divide-se, para Jakobs, em dois níveis: por um lado, a classificação do comportamento como típico (*imputação objetiva do comportamento*) e, por outro lado, a constatação – no âmbito dos delitos de resultado – de que o resultado produzido se explica, precisamente, pelo comportamento objetivamente imputável (*imputação objetiva do resultado*).

a) No primeiro nível da imputação objetiva, a imputação de comportamentos, Jakobs propõe quatro instituições dogmáticas através das quais estrutura-se o juízo de tipicidade: risco permitido, princípio da confiança, atuação a risco próprio da vítima, e proibição de regresso.[187]

Da instituição do *risco permitido* se pode dizer que, juntamente com o princípio da confiança, constitui o setor em que se constata uma maior coincidência nos resultados da concepção de Jakobs com a doutrina majoritária sobre

---

[186] A diferença de outras aproximações que sob da mesma denominação buscam – desde uma perspectiva metodológica diversa – busca uma melhor elaboração de um "tópico" de determinados problemas dos delitos de resultado; Vid. Sobre isto somente C. SUÁREZ GONZÁLEZ/M. CANCIO MELIÁ (como na nota 60), p. 28 e s, 49 e ss.

[187] Vid. G. JAKOBS, *La imputación objetiva*... (nota 181), em G. JAKOBS, *Estudios de Derecho penal* (como na nota 6), p. 209 e ss.; cfr., também ZStW, 89 (1977), p. 1 e ss. (= *La proibicción de regreso em los delitos de resultado* [nota 185], em G. JAKOBS, *Estudios de Derecho penal* [como na nota 6]; idem, "*Das Fahrlässigkeitsdelikt, Beiheft*" ZStW, 86 (1974), p. 6 e ss. (= *El delito imprudente* [tradução de Manuel Cancio Meliá], em G. JAKOBS, *Estudios de Derecho penal* [como na nota 6], p. 167 e ss.); a respeito da intervenção da vítima, vid., *La organizacción de autolesión y heterolesión, especialmente em los caso de muerte* (tradução de Manuel Cancio meliá), em G. JAKOBS, *Estudios de Derecho penal* (como na nota 6), p. 395 e ss. Vid. também as exposições de conjunto, em *La imputacción objetiva en Derecho penal* (como na nota 181), idem, AT² (como na nota 3), 7/4 e ss.

a matéria. Entretanto, Jakobs configura o risco permitindo partindo de uma definição claramente normativa do "risco", desligada de probabilidades estatísticas de lesão.[188] O risco permitido se define, na concepção de Jakobs, como o estado normal de interação, quer dizer, como o vigente *status quo* de liberdades de atuação, *desvinculado* da ponderação de interesses que deu lugar a seu estabelecimento. Desta perspectiva, deve ressaltar-se, quiçá, a polêmica que se apresenta relacionada com à fundamentação desta instituição. Jakobs insiste, diferentemente do que costuma ser habitual, em que no risco permitido nem sempre se oculta uma ponderação consciente de bens,[189] mas que, em muitos casos, se trata de um mecanismo de constituição de uma determinada configuração social por aceitação histórica – de uma ponderação omitida –, dito em outros termos, refere-se mais à identidade da sociedade do que a processos expressos de ponderação.[190]

---

[188] Vid. G. JAKOBS, *Das Fahrlässigkeitsdelikt*, ZStw, 76 (1974), suplemento, p. 12 e ss., 14 e ss. (= *El delito imprudente* [nota 187], em G. JAKOBS, *Estudios de Derecho penal* [como na nota 6] e idem, AT² (como na nota 3), 7/35; aspecto que destaca também, por exemplo, TORÍO LÓPEZ, *Fin de protección y ámbito de prohibición de la norma*, EPCr, 10 (1987), p. 383 e ss., 397 e ss.

[189] E, desde logo, não uma ponderação que o juiz possa realizar posteriormente ao fato, mas que a determinação do nível de risco permitido é prévia, está contida na norma; vid., no entanto, de outra opinião, por exemplo, B. Schünemann, "Moderne Tendenzen der Dogmatik der Fahrlässigkeits – und Gefährdungsdelikte", JA, 1975, p. 435 e ss., 576 e ss., 577 o D.-M. LUZÓN PEÑA, Voz, "*imputación objetiva*" em: Enciclopédia jurídica Básica, vol. II [COR-IND], 1995, p. 3467 e ss.

[190] Vid. G. JAKOBS, *La imputacción objetiva* (nota 181), em: G. JAKOBS, *Estudios de Derecho penal* (como na nota 6), p. 209 e ss. Vid., também, AT² (como na nota 3), 7/36, especialmente notas 62 e 63, e em sentido contrário, por exemplo, W. FRISCH, *Tatbestandsmäbiges Verhalten und Zurechnung des Erfolgs*, p. 72 e ss., afirmando que sempre cabe reconstruir a ponderação; em sentido semelhante, por exemplo, também, J. WOLTER, EM GIMBERNAT/SCHÜNEMANN/WOLTER (ed.: *Internationale Dogmatik der obektiven Zurechnung und der Unterlassngsdelikte*, p. 5. Para Jakobs, no entanto, não pode achar-se o critério comparativo reitor a partir do qual possa efetuar-se a ponderação: Vid. G. JAKOBS, *La imputación objetiva del Derecho penal* (como na nota 181), p. 119 e ss.; também relativiza uma visão mecanicista do cálculo custos/benefícios M. MARTÍNEZ ESCAMILLA, *La imputación objetiva del resultado* (como na nota 181), p. 134 e ss. Neste sentido, o risco permitido aparece tão somente como "descendente" do estado de necessidade justificante (G. JAKOBS, ZStW, 89 [1977], p. 13; [= *La proibcción del regreso* (nota 185), em: G. JAKOBS, *Estudios de Derecho penal* [como na nota 6]); a fundamentação do risco permitido está [...] equiparada com a ponderação de interesses" (G. JAKOBS, AT² [como na nota 3], 7/35, não sublinhado no original),

Tendo presente a definição oferecida por Jakobs para o risco permitido, talvez a instituição cuja autonomia conceitual dentro de seu sistema da imputação do comportamento resulte mais duvidosa seja o *princípio de confiança*, pois tão somente constitui – partindo do pensamento do próprio Jakobs – uma concretização do que geralmente pode reputar-se como "risco permitido": isto é, trata-se de determinar quando existe, motivada pelo desenvolvimento uma atividade geradora de um certo risco (permitido), a obrigação de levar em conta as decisões de outros sujeitos que também intervêm na referida atividade (de modo que se não se procederia assim, o risco deixaria de ser permitido), e quando se pode confiar licitamente na responsabilidade desses sujeitos. Por isso, cabe pensar que as hipóteses de aplicação do princípio da confiança não deixam de formar parte do grupo de casos nos quais o risco permitido requer uma adaptação às circunstâncias concretas, coisas que acontecem em muitos outros setores do risco permitido.[191]

Por outro lado, a instituição da *atuação a risco próprio ou atribuição à vítima,* mediante a qual Jakobs propõe considerar a intervenção da vítima no acontecimento, tão somente tem sido esboçada em algum trabalho monográfico,

---

mas sem funcionamento na imputação; a ponderação é somente a consideração do legislador que antecede à fixação da atribuição... (G. JAKOBS, idem, 7/40), isto é, o estado normal de interação" a que se tem aludido no texto (G. Jakobs, *La imputación objetiva del derecho penal* [como na nota 181], p. 119). Em todo o caso, independentemente da fundamentação, o certo é que, e aqui coincide Jakobs com outras correntes da doutrina, trata-se de uma ponderação de índole geral, da "legitimação de espaços gerais de liberdade de atuação" (A. K.-ZIELINSKI, §§ 15, 16 n.m. 100); em sentido semelhante W. FRISCH, *Tipo penal e imputación objetiva*, 1995, p. 71; M. MARTÍNEZ ESCAMILLA, *La imputación objetiva del resultado* (como na nota 181), p. 159 e ss.; C. ROXIN, AT² (como na nota 77), 11/56.

[191] Vid., sobre esta questão, G. JAKOBS, ZStW, 89 (1977), p. 1 e ss., 13, 29 e ss. (= *La proibicción de regreso em los delitos de resultado* [como na nota 6]); idem, AT, 7/51, onde concebe, em parte, o princípio da confiança como um "caso particular" do risco permitido (em outro setor como parte a proibição do regresso); no sentido do presente texto, contrariamente a autonomia sistemática do princípio da confiança, e partindo do pensamento de Jakobs, também, Y. REYES ALVARADO, *Imputación objetiva*, 1994, p. 141 e ss., especialmente, p. 145 e ss., 149 e ss.; a favor da autonomia sistemática na doutrina espanhola, por exemplo, M. CORCOY BIDASOLO, *El delito imprudente, Criterios de imputación del resultado,* 1989, p. 325 e s.

e em seu *Tratado* recebe um tratamento disperso e pouco coerente em alguns pontos.[192] Mas também, neste âmbito, fica claro que se trata de normatizar a incidência da conduta da vítima no juízo de tipicidade.

Provavelmente, a instituição mais original da imputação objetiva como a concebe Jakobs, é a da *proibição de regresso*,[193] que foi onde começou a discutir a necessidade de limitar o âmbito do comportamento punível, tanto para comportamentos culposos como dolosos, com base em critérios objetivo-normativos, necessidade resumida em sua conhecida frase "nem tudo é assunto de todos".[194] Sinteticamente, caberia dizer que esta instituição pretende, em última instância, é enquadrar de forma sistemática[195] a teoria da participação dentro da imputação objetiva.[196]

---

[192] Vid., *La organizacción de autolesión y heterolesión...* (nota 187), em G. JAKOBS, *Estudios de Derecho penal* (como na nota 6), p. 395 e ss.; idem, *La imputación objetiva del Derecho penal* (como na nota 181), p. 109 e ss.; idem, *Die strafrechtliche Zurechnung von Tun und Unterlassen*, 1996, p. 28. Vid., também, as diferentes construções propostas em seu tratado (G. JAKOBS, AT² [como na nota 3], 7/61, 7/104 e ss., especialmente em relação com 7/124 e ss.; 29/3 e ss.), e o desenvolvimento realizado por seus discípulos R. DERKSEN, *handeln auf eigene Gefahr*, 1992, p. 175 e ss. – a partir da concepção de Jakobs da prevenção geral positiva –, e M. CANCIO MELIÁ, *Conducta de la víctima e imputacción objetiva. Estudio sobre los ámbitos de responsabilidad de victima y autor en actividades arriesgadas*, Bosch, Barcelona, 1998, p. 259 e ss. – no marco da teoria da imputação objetiva.

[193] Vid., sobretudo, G. JAKOBS, ZStW, 89 91977), p. 1 e ss.(= *La proibicción de regreso em los delitos de resultado* [nota 185], em G. JAKOBS, *Estudios de Derecho penal* [como na nota 6]); idem, *La imputación objetiva* (nota 181, em: G. JAKOBS, *Estudios de Derecho penal* (como na nota 6), p. 209 e ss. Vid. Também G. JAKOBS, *La imputación objetiva en derecho penal* (como na nota 181) p. 145 e ss.; idem, AT² (como na nota 3), 7/56 e 21/14 e ss.

[194] ZStW, 89 (1977), p. 30 (= *La proibicción de regreso em los delitos de resultado* [nota 185], em G. JAKOBS, *Estudios de Derecho penal* [como na nota 6]).

[195] Como salientou o próprio Jakobs (por exemplo, Vid., *La imputación objetiva en derecho penal*, p. 171 e ss.; idem, "*Akzessorietät. Zu den Voraussetzungen gemeinsamer Organosation*", GA, 1996, p. 260 e ss., nota 15, com posteriores referências), as diferenças materiais – mais adiante da denominação – com aquelas posturas que incorporam delimitações normativas de âmbitos de responsabilidade e a correspondente exclusão de responsabilidade por atos que carecem de significado delitivo, como é o caso, por exemplo, do "âmbito de responsabilidade alheia" como hipótese de exclusão do "alcance do tipo" na concepção de Roxin (Vid. ATI² [como na nota 77], 11/97, 11/104 e ss.).

[196] Vid. S. MIR PUIG, PG³ (como na nota 77), p. 250; e JA, idem, *Adiciones de Derecho espanol al Tratado del Derecho penal, parte general de H.-H. Jescheck*, p. 914 e ss., quem também tem exposto a conveniência desta união, mas desde uma perspectiva diversa; também aplica critérios da imputação objetiva à participação,

Frente ao estado do desenvolvimento alcançado em seu próprio estudo sobre a matéria, matizado ainda, em certa medida, de subjetividade,[197] Jakobs chega a postular, na atualidade, o encadeamento da teoria da participação na imputação objetiva do comportamento,[198] apresentando à proibição de regresso como o reverso da participação punível.[199] Nesse sentido, a instituição da proibição do regresso em Jakobs configura os limites da responsabilidade (e, portanto, da posição de garante), e excede muito do horizonte da antiga doutrina da "proibição de regresso" como interrupção do nexo de imputação entre um primeiro comportamento culposo e um posterior comportamento doloso.[200]

Para Jakobs, a proibição de regresso refere-se àqueles casos em que um comportamento que favorece a prática de um delito por parte de outro sujeito, não pertence, em seu significado objetivo, a esse delito, quer dizer, que pode ser "distanciado" dele. Opera quando o sujeito que

---

tomando como exemplo a indução, A. TORÍO LÓPEZ, *Naturaleza y ámbito de la teoria de la imputación objetiva*, ADPCP 1986, p. 33 e ss., 45 e ss.; na mesma direção que *Jakobs*, a respeito de coautoria, H. H. LESCH, "*Die Begründung mittäterschaftlicher haftung als Moment der objektiven Zurechnung*", ZStW 105 (1993), p. 271 e ss., especialmente 274 e ss., 281 e ss.

[197] Como o próprio Jakobs disse (*La imputación objetiva en Derecho penal* [como na nota 181], p. 171); Vid. essa primeira formulação ZStW, 89 (1977), p. 1 e ss., especialmente os elementos subjetivistas contidos nas p. 22 e ss.

[198] Partindo de uma concepção global, similar à de Jakobs, Y. REYES ALVARADO (*Imputación objetiva* [como na nota 191], p. 327 e ss.) considera, entretanto, que a proibição de regresso carece de significado autônomo e refere-se aos dois níveis da imputação objetiva.

[199] No que diz respeito a parte "negativa", "exclusão da responsabilidade por comportamentos objetivamente irrelevantes), sobre tudo ultimamente, G. JAKOBS, *La imputación objetiva...* (como na nota 181), p. 145 e ss., a respeito da parte "positiva" (repercussões sobre a teoria da participação, em especial a respeito da acessoriedade, agora idem,. GA, 1996, p. 253 e ss.

[200] Sobre os distintos argumentos utilizados pelos partidários da antiga doutrina da proibição de regresso, vid., em detalhe, W. NAUCKE, "*Über das Regreßverbot im Strafrecht*", ZStW, 76 (1964), p. 409 e ss. 421 e ss. (vide também a solução ao problema, favorável ao estabelecimento de uma proibição de regresso neste sentido, que *Naucke* desenvolve em parte sobre a base da "antiga" teoria da imputação objetiva de Larenz e H. Mayer, centrada na ideia da dominabilidade através da vontade, p. 428 e ss.); sobre a discussão mais recente, vid. C. ROXIN, *Bermerkungen zum Regreßverbot*, FS Tröndle, p. 177 e ss.; geralmente, sobre as construções expostas sob da denominação de "proibição do regresso", vid., por todos, ultimamente, Y. REYES ALVARADO, *Imputación objetiva* (como na nota1 94), p. 320 e ss., com numerosas referências.

realiza a atividade que facilita o comportamento delitivo não tem que aceitar como algo comum o delito cometido. Desta ótica, a proibição de regresso configura o âmbito de intervenção não delitiva no acontecimento e determina o campo da "não participação (punível)". A partir destes postulados, Jakobs propugna uma espécie de concepção extensiva da autoria,[201] ou melhor referido, uma concepção unitária do injusto no qual intervêm vários sujeitos ou "sistema unitário de participação",[202] descrevendo os partícipes e autores como criadores de uma mesma unidade de sentido, e portanto, como intervenientes num injusto coletivo.[203] Assim, Jakobs chega conclui que, frente ao campo do que não é punível, o conjunto de fatos deve estar delimitado de modo objetivo – e não subjetivo, por meio do *animus* dos intervenientes –, precisamente, por estar baseada a construção na "expressão coletiva de sentido", criada através do fato.[204] Com este ponto de partida – com o qual não se pretende chegar a um conceito unitário de autor no sentido de renunciar à distinção das diversas contribuições dos intervenientes – parece que a distinção dentro do campo punível, entre autores e partícipes, deveria considerar critérios quantitativos, e não qualitativos[205]

---

[201] Sobre as diversas concepções "unitárias" ou "extensivas" de autor, vid. as exaustivas análises em E. PEÑARANDA RAMOS, *La participación en el delito y el principio de accesoriedad*, 1990, p. 262 e ss., e M. DIAZ e GARCÍA-CONLLEDO, *La autoria en Derecho penal*, 1991, p. 43 e ss., 253 e ss.

[202] Vid., este termo, em E. PEÑARANDA RAMOS, *La participación* (como na nota acima), p. 323.

[203] Na doutrina espanhola, e desde a perspectiva da teoria da participação, vid. um ponto de vista similar em E. PEÑARANDA RAMOS, *La participación*... (como na nota 201), p. 323 e ss., especialmente 335, 336: "[...] o próprio desvalor do fato do partícipe só pode ser captado adequadamente se o contemplarmos em sua relação com o comportamento de outros sujeitos. Uma consideração global e não isolada [...] é imprescindível".

[204] A concepção de Jakobs tem antecedentes em posturas históricas muito diversas; vid. uma análise em E. PEÑARANDA RAMOS, *La participación*... (como nota 201, primeira parte; neste sentido, por exemplo, cabe apreciar similitudes, inclusive com a teoria da imputação de Pufendorf (vid. a exposição em E. PEÑARANDA RAMOS, idem, p. 76 e ss., 81 e ss., 83 e s.), e com algumas posturas mais recentes (vid. E. PEÑARANDA RAMOS, idem, p. 284 e ss. [a respeito da autoria], 309 e s.)

[205] Vid., ultimamente, neste sentido H. LESCH, *Täterschaft und Gestaltungsherrschaft*, GA, 1994, p. 112 e ss., 119 com referências.

(posto que para todos os intervenientes no fato coletivo, a razão da responsabilidade é a mesma). Evidentemente que aqui Jakobs permanece fiel ao seu ponto de partida; de que deve existir um comportamento com significação comunicativa para que tal conduta adquira relevância no sistema de imputação. Passando isto ao âmbito da teoria da participação, ele supõe uma rejeição a qualquer aproximação subjetivista à autoria e participação. Por outro lado, a definição objetiva postulada por Jakobs, leva também a romper o conceito unitário de autor que – com distintas formulações – é majoritário no que se refere aos delitos culposos na Alemanha.[206] Desta perspectiva, Jakobs sustenta, de modo geral, a existência material (no Direito vigente, punível, na sua opinião, sob o *nomen iuris* de autoria) da participação culposa,[207] aproximando, assim, algumas correntes doutrinárias espanholas, tradicionalmente críticas, com a postura da opinião dominante na Alemanha.[208]

b) O segundo nível de imputação, a *realização de riscos*, também tem merecido a atenção de Jakobs, em várias ocasiões.[209] Ademais de expor, nesse contexto, o encadeamento de imputação do resultado como o primeiro nível de imputação do comportamento, partindo de uma de-

---

[206] Vid. somente H. H. JESCHECK, *Strafrecht Allgemeiner Teil*, 4ª ed., 1988", § 54 IV, § 61 VI, e as referências recorridas por E. PEÑARANDA RAMOS, *La participación* (como na nota 201), p. 272, nota 67.

[207] AT² (como na nota 3), 21/111 e ss.; idem, *La imputación objetiva en Derecho penal* (como na nota 181), p. 167 e s.; idem, GA, 1996, p. 266. e s.

[208] Vid., somente J. A. RODRÍGUEZ MUÑOZ, notas ao tratado de Mezger, p. 209; A. QUINTANO RIPOLLÉS, *Derecho penal de la culpa* (imprudência), p. 333; G. RODRÍGUEZ MOURULLO, ADPCP, 1969, p. 480; idem, ComCP, t. I, p. 814 e ss.; S. MIR PUIG, *"Adiciones a Jescheck"*, PG, p. 914 e ss. e as referências de D.-M. LUZÓN PEÑA, *Autoria e imputación objetiva en el delito imprudente*, em, idem, *Derecho penal de la circulación* (*Estudios de la jurisprudencia del Tribunal Supremo*), 2ª ed., 1990, p. 93 e ss. com notas 18 a 21; JORGE BARREIRO, *La imprudencia punible en la actividad médico-quirúrgica*, 1990, p. 122, nota 58; CUERDA RIEZU, ADPCP 1992, p. 503 e ss., 506 e s.

[209] Vid., JAKOBS, *La imputación objetiva en Derecho penal* (como na nota 181), p. 173 e ss.; idem, AT² (como na nota 3), 7/72 e ss., 7/78 e ss., 7/90 e ss., em "*Riskokonkurrenz – Schadensverlauf und Verlaufshypothese im Strafrecht, FS Lackner*", p. 53 e ss. (= *Concurrencia de riesgos: curso lesivo hypotético en Derecho penal* [tradução de Carlos Suárez Gozález e Manuel Mancio Meliá], ADPC, 1989, p. 1051 e ss.; [= em: G. JAKOBS, *Estudios del Dercho penal* (como na nota 6), p. 271 e ss.]).

finição de risco como conjunto de condições explicativas de um acontecimento, Jakobs tem abordado o problema dos chamados "comportamentos alternativos ajustados ao Direito", encontrando o critério de solução no qual a causa se tenha produzido de modo planificado ou não: o comportamento não permitido tão somente constituirá a explicação do acontecimento lesivo quando o curso causal que dele deriva se tenha produzido de tal maneira que se pudesse planejar sua inocorrência. Quando não é assim, a explicação da lesão estará na realização de um risco geral da vida. Neste âmbito também se incluem os problemas tradicionais dos danos secundários, e dos comportamentos nos quais se omitem as necessárias medidas prévias de segurança. Por sua vez, e concordando com a doutrina dominante, Jakobs rechaça a teoria do incremento de risco, argumentando que suporia a transformação dos delitos culposos de resultado em crimes culposos tentados.

3.3. Algumas questões abertas da teoria da imputação objetiva

A teoria da imputação de Jakobs está ainda em desenvolvimento – como provam suas diferentes contribuições nos últimos anos –, podem apontar-se já algumas considerações de conjunto sobre seu pensamento neste aspecto:

a) Ainda que Jakobs saliente, acertadamente, que não é tão essencial a *articulação dogmática concreta* da teoria como suas bases,[210] cabe ressaltar que, de certo modo, a configuração das distintas instituições enunciadas parece ser menos definitiva que os fundamentos que estão na sua base. Em todo o caso, qualquer que seja a subdivisão com a qual se opere neste primeiro nível de imputação objetiva – questão a que, como já referido, o próprio Jakobs atribui uma importância secundária –, aparece claramente uma

---
[210] Vid. G. JAKOBS, *La imputación objetiva en Derecho penal* (como na nota 181), p. 103.

diferenciação que poderíamos considerar "horizontal" frente às instituições propostas por Jakobs: a diferenciação entre as instituições com vigência só ou parcialmente em *condições ideais*, isto é, nos casos em que o sujeito deve adaptar-se ao contexto concreto para evitar que seu comportamento seja típico (este é o caso do risco permitido e do princípio de confiança) e aquelas outras, segundo Jakobs, devem reger de modo *plenamente contrafático* (ainda em caso de lesão previsível ou prevista, isto é, aquelas instituições que garantem de modo mais amplo ao indivíduo um âmbito de atuação desvinculado de possíveis lesões que se derivem de sua atuação (trata-se aqui do risco geral da vida como risco mínimo da vida social e da proibição de regresso).

b) Uma questão relevante no conjunto desenhado por Jakobs, é o contraste do grande desenvolvimento realizado no primeiro nível de imputação objetiva – a imputação do comportamento –, com certa parcimônia na fundamentação teórica da imputação objetiva do *resultado*, isto é, em certa medida, uma distribuição de consideração inversa ao da teoria da imputação objetiva majoritária.[211] Mas, isto é consequência da concepção da imputação objetiva como teoria do "lado externo do injusto",[212] que, como é sabido, representa um enfoque mais amplo que o tradicional de todos os modos, deve indagar-se pelo papel que desempenha a imputação de resultados no plano global da imputação objetiva. Parece necessário um maior esforço de explicação desde a perspectiva de Jakobs, inclusive, pode-se dizer que ainda falta uma teoria geral do resultado como injusto objetivo,[213] já que, ademais de alguma genérica referência como "aumento quantitativo" da objetivação da violação da norma,[214] não fica claro qual é a

---

[211] Vid., sobre isto, C. SUÁREZ GONZÁLEZ/M. CANCIO MELIÁ (como na nota 60), p. 28 e ss.

[212] G. JAKOBS, AT² (como na nota 3), 7/1.

[213] Neste sentido, I. PUPPE, "*Naturalismus und Normativismus in der modernen Strafrechtsdogmatik*", GA, 1994, p. 297 e ss., 317.

[214] Por exemplo, G. JAKOBS, *Handlungsbegriff* (como na nota 180), p. 35 (= *El concepto jurídico-penal de acción* [nota 180], em: G. JAKOBS, *Estudios de Derecho*

relação entre esta violação externa da norma, que é concebida por Jakobs como "resultado" específico do injusto penal[215] (= objetivamente imputável), e o "resultado" em sentido material.

c) Como é sabido, tem especial interesse com a teoria da imputação objetiva a questão da delimitação de *elementos objetivos e subjetivos* no marco da tipicidade. De fato, é este o ponto que tem dado margem a mais ataques à validade da teoria da imputação objetiva.[216] Neste ponto, Jakobs chega a uma solução coerente com seu ponto de partida: na realidade, a questão está em definir-se qual é o sujeito "cujo comportamento deve passar o filtro da imputação objetiva antes de que se subjetive a imputação".[217] Somente se o sujeito se define de modo normativo, através da

---

penal [como na nota 6]); Vid. as críticas à falta de definição da concepção de Jakobs neste ponto desenvolvidas na monografia de M. A. SANCINETTI, *Fundamentación subjetiva del ilícito y desistimiento de la tentativa* (como na nota 125), especialmente, p. 20 e ss., 25 e ss., da que antes nos ocupamos. Este problema se apresenta, como é natural, como especial virulência ao analisar as relações entre a teoria da tentativa e a imputação objetiva.

[215] Por exemplo, *Handlungsbegriff* (como na nota 180), p. 34 (= *El concepto jurídico-penal de acción* [nota 180], em: G. JAKOBS, *Estudios de Derecho penal* [como na nota 6]).

[216] Vid., neste sentido, por todos, no que diz respeito ao delito doloso, Armin KAUFMANN, *"Objektive Zurechnung beim Vorsatzdelikt?"*, em: F. S. JESCHECK, p. 269, 271 (= *Atribución objetiva em el delito doloso?* [tradução Cuello Contreras] em ADPCP 1985, p. 807 e ss.); no âmbito do delito culposo. E. STRUENSEE (*"Objektive Zurechnung und Fahrlässigkeit"*, p. 97 e ss. [= CPC 1991, p. 449 e ss.]; idem, *"Der subjektive Tatbestand des fahrlässigen Delikts"*, JZ, 1987, p. 53 e ss. [=*"El tipo subjetivo del delito imprudente"*, ADPCP 1987, p. 424 e ss., tradução Cuello Contreras e Serrano González de Murillo] considera que as questões tratadas pela imputação objetiva devem ser resolvidas no âmbito do tipo subjetivo do delito culposo, seguindo na Espanha, J. L. SERRANO GONZÁLEZ DE MURILLO, *Teoría del delito imprudente (Doctrina general e regulación legal)*, 1991, p. 87 e ss.. Vid., também, a exposição crítica, desde o ponto de vista distinto, de G. KUPPER, *Grenzen der normativierenden Strafrechtsdogmatik* (como na nota 4), p. 91 e ss.; 99 e ss.; 100 e ss. e os posicionamentos de H. J. HIRSCH (LK, 10 [edição, n.m. 32 prévio ao § 32], com posteriores referências; idem, *"Die Entewissenschaftlichen Fakultät zur 600 – Jahr-Feier der Universität zu Köln*, 1988, p. 403 e ss.) e J. CEREZO MIR (*Curso de Derecho Penal espanol, Parte general I, Indrudución. Teoria jurídica do delito*/1, 4ª ed., Madrid, 1994, p. 347 e ss.).

[217] G. JAKOBS, *"Tätervorstellung und objektive Zurechnung"*, G. S. ARMIN KAUFMANN, p. 271 (= *Representação do autor e imputação objetiva* [nota 9], em: G. JAKOBS, *Estudios del Derecho penal* [como na nota 6]); idem, AT² (como na nota 3), 7/47 e ss., em especial 7/49 e s.).

função social que deve cumprir, poderá sustentar-se que este é o destinatário de expectativas gerais, e que, portanto, realiza comportamentos que se interpretam de modo objetivo-geral. Em todo o caso, a questão em termos "objetivo" e "subjetivo" é, ao menos, incompleta, desde a perspectiva da concepção de Jakobs, se for considerado, como já referido, que em seu pensamento a imputação objetiva consiste na *interpretação*, enquanto ato de comunicação, de um comportamento. Certamente, é um indivíduo, uma pessoa dotada de subjetividade quem se expressa através do fato. Esta é a razão pela qual, com frequência, não poderá obter o significado (objetivo, no sentido de intersubjetivo)[218] do comportamento sem conhecer a representação interna de quem atua. Por isso, para Jakobs, o decisivo é definir ao sujeito que atua em sociedade e a quem se imputa o seu comportamento,[219] pois esta definição também oferecerá as pautas necessárias para interpretar, de modo geralmente válido, dito comportamento (nesse sentido, de maneira objetiva), decidindo quais de seus conhecimentos individuais são relevantes. Entretanto, mesmo que pareça claro este ponto de partida, é menos seguro que a ideia de função utilizada por Jakobs, neste âmbito, possa aclarar o problema. A função, como muito, é uma abreviatura do cidadão-modelo em cada contexto, e este último é, precisamente, o que a imputação objetiva do comportamento deve determinar.

---

[218] Texto correspondente à nota 121. Utilizam o conceito de "objetivo", no marco do injusto, também, no sentido de imputação "geral", a qualquer sujeito, ou de "intersubjetivo", respectivamente, A. TORÍO LÓPEZ, ADPCP, 1986, p. 40 e ss. (ao referir-se à imputação objetiva, precisamente), e, como já foi salientado, S. MIR PUIG, *Sobre lo objetivo y lo subjetivo en el injusto*, agora em *El Derecho penal em el Estado social y democrático de Derecho* (como na nota 23), p. 181 e ss., p. 183 e ss.; Vid., também, idem, *Antijuridicidad objetiva y antinormatividad en Derecho penal*, ibidem, p. 225 e ss., p. 232 (= ADPCP, 1994 p. 1 e ss) (aludindo à categoria por ele desenvolvida nesse trabalho de *"antijuridicidad objetiva"*).

[219] Vid. G. JAKOBS, G. S. ARMIN KAUFMANN, p. 271 (= *Representación del autor e imputación objetiva* [nota 9], em G. JAKOBS, *Estudios de Derecho penal* [como na nota 6]).

3.4. A imputação objetiva nos delitos de comissão por omissão: sobre a fundamentação normativa das posições de garantia

O empenho em definir os conteúdos da teoria do tipo objetivo, a partir de sua função dentro do sistema da teoria do delito, é o que tem levado também Jakobs a tentar incluir na concepção global os delitos *omissivos impróprios*. De fato, é aqui onde está a explicação de que Jakobs sustente que também é necessária uma *posição de garantia nos delitos de ação*.[220] Em que pese a sua aparente estranheza, isto não é mais que uma manifestação da diferenciação que Jakobs propugna, a qual já se aludiu, distinguindo entre delitos produzidos pela criação ou administração de um risco comum (delitos derivados do *status* geral do cidadão: delitos em virtude de *organização*) e aqueles outros que derivam de deveres especiais estabelecidos pelo ordenamento jurídico, frente a determinado bem (delitos em virtude de uma *instituição*).[221] Esta distinção é diferente da subdivisão tradicional entre delitos de omissão e comissão, já que ambas categorias englobam tanto delitos de comportamento ativo como de comportamento passivo.[222] Trata-se, definitivamente, de distinguir não sobre a base da aparência externa da conduta, mas com base na razão normativa da responsabilidade penal, e é precisamente dentro da teoria da imputação objetiva onde se leva a cabo a determinação da existência de uma posição de garantia; pode acontecer que, mesmo concorrendo um comportamento ativo, evitável e com efeitos causais, não se possa imputar: nem toda causa evitável integra o tipo objetivo, nem tudo é assunto

---

[220] Vid., por exemplo, G. JAKOBS, AT² (como na nota 3), 7/56 e ss., 7/58.

[221] Que Jakobs reconhece ter apanhado do desenvolvimento de Roxin na categoria do "delitos de dever"; Vid. AT² (como na nota 3), 7/70, nota 120, 21/119; Vid. sobre a concepção de *Jakobs* só AT² (como na nota 3), 7/70 e s., 21/115 e ss.; idem, *La competencia por organización en el delito omissivo* (tradução de Enrique Peñaranda Ramos), 1994 (= em C. JAKOBS, *Estudios de Derecho penal* [como na nota 6], p. 241 e ss.); recentemente idem, *Tun und Unterlassen* (como na nota 192).

[222] Vid., sobre isto, G. JAKOBS. *A competência por organização no delito omissivo* (como na nota anterior) (= em G. JAKOBS, *Estudios de Derecho penal* [como na nota 6]); idem (como na nota 3), 1/7, 28/14.

de todos,[223] e, por isso, tem que incidir uma posição de garantia mesmo nos comportamentos ativos. A determinação dessa posição de garantia é equivalente à afirmação de que o comportamento é objetivamente imputável,[224] isto é, ao primeiro escalão da imputação objetiva, a imputação objetiva do *comportamento*.

3.5. Tentativa e imputação objetiva

Na concepção de Jakobs, a problemática global que apresenta a *tentativa* também é abordada com suma originalidade. A cristalização da tentativa, como problema de imputação objetiva, é um dos aspectos que requerem ulteriores precisões; e isso porque convergem aqui os problemas da posição do resultado (em sentido naturalista) na teoria do delito, e dos conhecimentos especiais, problema que, de novo, reflete toda a questão da definição "objetiva" ou "subjetiva".[225]

Com já se adiantou, para Jakobs, o fundamento da punição da tentativa se encontra em que a tentativa "expressa a violação de uma norma".[226] Quer dizer, o autor enfatiza que não se governa pela norma. Mas a determinação da referida violação não se faz partindo da vertente subjetiva do fato. Produz-se, assim, um claro posicionamento frente àquelas concepções que entendem que na tentativa é a vontade delitiva o fenômeno contra o qual se dirige a lei penal.[227] A pergunta acerca do aspecto interior somente tem sido para Jakobs na hora de interpretar os fenômenos externos que já são, em qualquer caso, perturbadores,[228] e

---

[223] G. JAKOBS, ZStW, 89 (1977) (como na nota 185), p. 30.
[224] Assim já se insinua em ZStW, 89 (1977), p. 35.
[225] Vid. C. SUÁREZ GONZÁLEZ/M. CANCIO MELIÁ (como na nota 60), p. 85.
[226] AT² (como na nota 3), 25/21.
[227] GGSt I, 439, 441; vide também H. WELZEL, *Das Deutsche Strafrecht*, 11ª ed., 1969, § 24 IV 1 b; M. A. SANCINETTI, *Teoria del delito y disvalor de acción* (como na nota 84) p. 409 e ss.
[228] ZStW, 97 (1985), p. 755, 761 (= *Criminalización en el estádio prévio a la lesión de un bien jurídico* [nota 10], em G. JAKOBS, *Estudios del Derecho penal* [como na nota 6]).

isso porque a interpretação da vertente subjetiva pressupõe que o sujeito abandonou o domínio de seu âmbito de organização, em prejuízo potencial de outra pessoa.

O fato de entender que, quando na tentativa falta o lado objetivo, esta se frustra por carência de significação social,[229] permite interpretar que nos achamos diante de uma reabilitação parcial da teoria da falta de tipo.[230] Não obstante, esta clara acentuação do aspecto objetivo se submete a um ulterior processo de destilação na concepção do autor. Processo no qual se enfatiza, de maneira específica, a dimensão social do injusto sobre a base do que o sujeito expressa mediante seu comportamento deve ser comunicativamente relevante. Para Jakobs, só o comunicativamente relevante formata o injusto, num Estado de liberdades.[231] Sociedade que, ao gozar de ditas características, deixa margens amplas para a livre eleição das formas de ação, e se caracteriza pelo que deve ser os membros, aos quais se incube fixar, por si mesmos as formas lícitas de comportamento. E a isto, obviamente, contribui mais "regras de comportamento garantidas, que a garantia da segurança dos bens [...]".[232] O resultado, portanto, não perturba, *per se*, "e sim como objetivação de uma errônea planificação que também pode objetivar-se sem lesionar bem jurídico algum".[233]

A acentuação do claro componente social do injusto não contem, entretanto, na concepção de Jakobs, uma renúncia a valoração dos critérios subjetivos, para determinar quando uma planificação é ou não relevante. A de-

---

[229] O que o próprio Jakobs reconhece, ZStW, 97 91985), p. 764.

[230] ZStW, 97 (1985), p. 764.

[231] Desenvolve, de forma intensiva esta ideia de Jakobs K. H. VEHLING, *abgrenzung* (como na nota 9), p. 133 e ss., definindo o injusto da tentativa como "criação de um risco juridicamente desaprovado" por meio de um comportamento contrário à função que é indiciária da realização do tipo (p. 141); Vid., já a este respeito, C. SUÁREZ GONZÁLEZ/M. MANCIO MELIÁ (como na nota 60), p. 85, nota 183.

[232] G. JAKOBS, G. S. ARMIN KAUFMANN, p. 278 (= *Representación del autor e imputación objetiva* [nota 9], em G. JAKOBS, *Estudios de Derecho penal* [como na nota 6]).

[233] Idem.

terminação do contexto também leva em consideração,em parte, o que o autor considera como planificação. Este aspecto, sem dúvida, não havia sido acentuado por Jakobs com suficiente intensidade em estágios anteriores de seu pensamento,[234] onde, ao insistir, de modo especial, no princípio da *cogitationis poenam nemo patitur*, ficava eclipsada a relevância do subjetivo.[235] Mas é, sem dúvida, para Jakobs, a prática descentralizada das regras objetivas de comportamento que obriga a considerar o *ponto de vista do autor*; ainda que o contexto descentralizado no qual tem lugar a aplicação das regras, deve configurar-se, por sua vez, em regras objetivas ("presta atenção; e não, "tem por verdadeiros os sonhos").[236] Sem dúvida, esta "correção" que se produz no pensamento de Jakobs, permite sustentar que "o comunicativamente relevante", que dá forma ao injusto, também está impregnado de um componente subjetivo.[237] Podendo classificar-se, portanto, como uma concepção objetivo-subjetiva.

Um dos problemas mais relevantes no âmbito da tentativa é a determinação do momento em que o comportamento adquire o significado de delito, isto é, em palavras de Jakobs quando ocorre uma tentativa? E o papel que nisso jogam os conhecimentos (especiais) do autor. A questão reflete uma problemática mais abrangente a qual já tem sido enunciada anteriormente: a concepção de tentativa como problema de imputação objetiva. De acordo com a própria coerência do sistema proposto, início de execução na tentativa e imputação objetiva do comportamento deveriam ser a mesma coisa, já que, ao conceber-se a ten-

---

[234] Em concreto, em ZStW, 97 (1985), p. 755 e ss. (= *Criminalización en el estádio prévio a la lesión de un bien jurídico* [nota 10], em: G. JAKOBS, *Estudios de Derecho penal* [como na nota 6]).

[235] Reconhece o próprio autor no prólogo a *Estudios de Derecho penal* (como na nota 6), p. 7 e s.

[236] G. S. ARMIN KAUFMANN, p. 281 (= *Representación del autor e imputación objetiva* [nota 9], em G. JAKOBS, *Estudios del derecho penal* [como na nota 6]).

[237] Isso, de modo algum permite sustentar que a concepção de *Jakobs* neste ponto – e por extensão no que concerne ao injusto, seja subjetivista, como se depreende da interpretação que faz M. A. SANCINETTI, *Fundamentación subjetiva del ilícito* (como na nota 125), p. 48 e ss.

tativa como "expressão de violação de uma norma", esta caracterização *equivale* a de comportamento imputável.[238] Nesse sentido, como o próprio Jakobs salienta, a motivação da imposição da pena na tentativa deve receber a mesma resposta que no delito consumado.[239] Nesse contexto, a problemática que apresenta o tipo de conhecimento que pode configurar a representação de um fato, a efeitos de nos acharmos já diante de uma tentativa, coincide com o tipo de conhecimento que se valoram para efeitos de determinar a relevância do comportamento para a eventual imputação de um resultado. Por isso, como já foi salientado quando foi abordada esta problemática, a questão estriba na definição que se dá ao sujeito ao qual se imputa o comportamento, e que Jakobs caracteriza com sujeito que atua em sociedade e exerce uma função. Desta ótica, e em plena coerência como o postulado de partida, só os conhecimentos que pertencem à função podem ser considerados para efeitos de determinação do comportamento típico.[240]

Já foi referido, quando abordada a problemática que apresenta a imputação de resultados na exposição global da imputação objetiva, que na concepção elaborada por Jakobs, ainda falta uma teoria geral do resultado como injusto objetivo e que, consequentemente, continua sem clareza qual é o papel que o resultado deve desempenhar na concepção proposta. Esta carência resulta ainda mais chamativa a partir do pressuposto de que a tentativa já é uma expressão de uma violação plena da norma. Aqui se deve ressaltar que, além das genéricas referências de que o resultado constitui um aumento "quantitativo" do injusto, ou uma maior objetivação do mesmo, esteja pendente

---

[238] Vid., a este respeito, C. SUÁREZ GONZÁLEZ/M. MANCIO MELIÁ (como na nota 60), p. 86.

[239] AT² (como na nota 3), 25/15.

[240] O engenheiro que, na condução de prova de um veículo que quer adquirir se precavem, em face seus conhecimentos técnicos, que os freios estão defeituosos, responde por homicídio se lesionar um pedestre, não (tampouco por tentativa) se devolve o automóvel sem indicação alguma a respeito, sofrendo o proprietário, devido ao referido defeito, um acidente (G. JAKOBS, G. S. ARMIN KAUFFMANN, p. 286; (= *Representación del autor e imputación objetiva* [nota 9], em: G. JAKOBS, *Estudios de Derecho penal* [como na nota 6]).

de esclarecimento a relação que existe entre a violação da norma e do "resultado" externo, em sentido naturalista.

Também, no contexto da tentativa, um dos pontos mais inovadores da teoria de Jakobs é a fundamentação e, consequentemente, o restrito âmbito de aplicação da desistência, matéria na qual se distancia, de forma notável da doutrina majoritária. E o faz porque, para Jakobs a resposta ao fundamento da desistência não deve ser buscada nem fora do Direito penal, nem fora da própria tentativa – em atenção à culpabilidade, ao fim da pena etc. A ideia básica está formatada pelo fato de que só uma orientação interna à tentativa pode explicar por que a desistência se limita aos casos de tentativa. E esta explicação deve encontrar-se, na opinião de Jakobs, no fato de que "unicamente o presente pode modificar-se: não cabe ressuscitar o passado".[241] Isto é, só onde se possa corrigir de modo atual a conduta iniciada no passado, cabe falar de uma desistência que exclua a pena. Por isso, se a conduta já se "expressou" no passado algo inamovível, ou se, no presente, já não pode ser modificada "a expressão de sentido realizada no passado já é definitiva; uma comunicação fechada em si mesma".[242] A desistência alcança seu significado pleno enquanto modificação de um fato não concluído que se contrapõe ao comportamento geral posterior ao fato. É o autor quem, mediante a desistência, deve dar uma nova interpretação ao fato.[243] Portanto, trata-se de que o sujeito reverta, de um modo planejado e seguro, o caminho realizado. Frente às tentativas fracassadas, não cabe desistir. Também aqui ressalta a coerência do sistema, pois, se por um lado afirma-se que, frente a resultados fortuitos não cabe formular o juízo de imputação, tampouco devem exonerar aqueles resultados que não sejam fruto de um comportamento planejado pelo sujeito. Trata-se, afinal de contas, de duas caras da mesma moeda.

---

[241] G. JAKOBS, "*Rücktritt als Tatänderung versus allgemeines Nachtatverhalten*", ZStW 104 (1992), p. 88 (= *El desistimiento como modificación del hecho* [n. 109], em: G. JAKOBS, *Estudios de Derecho penal* [como na nota 6]).

[242] Ibidem.

[243] ZStW, 104 (1992), p. 85; idem, AT² (como na nota 3), 26/19 e ss.

3.6. O sujeito como conceito auxiliar

Definitivamente, o injusto e, especialmente suas regras de imputação objetiva, configuram-se, no pensamento de Jakobs, como pressuposto necessário para realizar o juízo de culpabilidade, o qual determina todo o sistema da teoria do delito. Em consequência, não é de estranhar que Jakobs conceba o *injusto como conceito auxiliar* no sistema do Direito Penal, isto é, como parte de um sistema global de imputação que se completa tão somente com a concorrência de todos os requisitos da imputação, culminando na culpabilidade como âmbito definidor do penalmente relevante.[244] Contudo, quiçá seja este caráter auxiliar que Jakobs atribui ao injusto, o qual permite afirmar que sua concepção da parte objetiva do tipo parece compatível com uma fundamentação diversa da culpabilidade, isto é, que, apesar do modo de conceber o tipo objetivo integrar-se, de forma harmoniosa, numa concepção presidida pela prevenção geral positiva, como raiz de todo o sistema, também cabe imaginar sua teoria do tipo num sistema dogmático, com uma fundamentação distinta, mais "aberta" da culpabilidade e dos fins do Direito Penal. Isso explica talvez, também sua ampla concordância, em matéria de imputação objetiva, com alguns setores da doutrina que não têm aderido expressamente a sua visão sobre a culpabilidade.

---

[244] G. JAKOBS, *Handlungsbegriff* (como na nota 180), p. 43 e s. (= *El concepto jurídico-penal de acción* [nota 180], em G. JAKOBS, *Estudios de Derecho penal* [como na nota 6]); de todos modos, está claro que *Jakobs* não questiona a autonomia conceitual do injusto evitável como categoria própria (*Handlungsbegriff*, p. 36 e ss.).

Epílogo

Nas páginas anteriores, tentamos realizar uma aproximação a alguns pontos capitais do pensamento de Jakobs. Os estudos publicados por ele, montam um intenso trabalho dogmático desenvolvido ao longo de mais de dois decênios e, como aqui se tentou noticiar, tem contribuído de modo decisivo na fundamentação de numerosas categorias dogmáticas fundamentais.

A relevância do pensamento de Jakobs, o qual se acaba de fazer referência, fica clara na valorização que fez Roxin em relação à primeira edição (1983) de seu *Tratado de Direito Penal*: "Trata-se da mais audaz e do esboço mais consequente de um sistema puramente teleológico existente até a presente data. Com ele, Jakobs não só elaborou [...] a evolução dogmática dos últimos 20 anos. A amplitude de sua obra surpreende ao leitor também com uma avalanche de reflexões originais que, de certo modo, antecipa os próximos 30 anos [...]".[245] As importantes contribuições de *Günther Jakobs*, realizadas posteriormente a estas palavras, demonstram o acerto desta valorização.

---

[245] C. ROXIN, NJW, 1984, p. 2.270.

Impressão:
Evangraf
Rua Waldomiro Schapke, 77 - POA/RS
Fone: (51) 3336.2466 - (51) 3336.0422
E-mail: evangraf.adm@terra.com.br